東アジアにおける都市文化

—都市・メディア・東アジア—

二松學舍大学文学部中国文学科〔編〕

明徳出版社

はじめに

本書『東アジアにおける都市文化』は、異なる分野を専門とする研究者が初学者に向けて、それぞれの観点から「東アジアの文化の諸相」を論じたアンソロジーです。執筆者の専門分野が中国古典学から現代メディア論にまで至る多様性に満ちている都合上、課された執筆方針は、副題にある「都市」・「メディア」・「東アジア」の複数に亘る問題を扱う、という制約のみなので、一見すると必ずしも統一感のない話題を自由に集めた論集と感じられるかもしれません。しかし、〔結果的に〕扱われた時代・文化特有の問題点が明確に提示されているだけでなく、時空を超えた普遍的な文化的問題群が存在することへの再認識を促し、且つ今後の文化研究の方向性を開示するものともなったと言えるように思います。

本書の構成は少し変則的で、「右開き」にすると中国古典学を中心とした縦書きの諸論が、逆から「左開き」にするとメディア関連の横書きの論文が並べられており、研究分野の違いが書式に反映されていますが、「中国・日本古典の現代欧米への展開」を扱った山邊報告（横書き）がちょうど中間に配置されています。

副題の「都市」は「首都」・「地方都市」、より広義の「地域」を含み、「メディア」は「文字」、「言語」、「映像」、「イメージ」によって表象された諸作品及びその伝達様式〔装置〕そのもの、「詩・文」、「絵画」、「地図」、「印画紙」、「モニター」、「タッチパネル」等を含意します。そして、日本・中国を広義に捉えた「東アジア」は、その地域に発生・展開した文化という限定的地域性の意味に加え、「東南アジア」、「欧・米」といったそれと対比的に認識される地域との関連の在り方を問題にするための表現です。以下に、各論がどのテーマを反映しているのかを中心に簡単に紹介します。

牧角論文「古代中国の都市論」では、後漢〔中国＝東アジア〕の班固の「両都賦」〔「賦」という表現メディア〕を題材に、その中で洛陽と長安とがそれぞれ「儒教的価値を体現した理想の政治的王都」、「地政学的に要害の地であり豊かな資源と歴史的遺産を備えた文化都市」の意味を持つが、洛陽の方が首都としてふさわしいことを主張している〔都市論〕と述べ、更に時代が下り世界帝国たる唐代になると長安が国際都市として東西文化の起点となったことを論じます。

伊藤論文「中国の地方都市と三国志遺跡」では、特に「東アジア」で人気を誇る『三国志』にまつわる名所旧跡〔地方都市〕が古くから「観光資源」の役割を担ってきたことを指摘、その名所は実際の史跡の他、場合によっては書籍の出版〔メディア〕が地域の「史跡」を創出することもあるが、どちらも重要な『三国志』遺跡であることを、自身がそれらの地を訪問した経験を踏まえ論じられます。

田中論文「中国における風景認識の展開と「図経」」では、中唐から宋代の詩文を題材に、「図経」という地図と詩文による「地方の記録」が「観光案内書」〔メディア〕の役割を果たし、書籍の情報〔言語／イメージ〕と実際の地理的状況〔特定の地域〕との相互関係の中で、知識人の「風景」認識が形成されてきたことを論じています。

植松論文「杭州・西湖への旅のかたち」では、中国・明代知識人の日記を主な手掛かりとして、夙に風光明媚な「観光都市」として知られる杭州及び西湖（都市・地域）について当時の具体的な旅の実情が論じられます。そして、この地が多くの詩に詠まれることより「詩跡」という時空を超えた共通イメージが創出され、また専門の「地方志」（観光案内書）が作られ、中国の文化人のみならず室町期の日本人（東アジア地域）にも知られ、庭園造成等にも影響を与えたことが指摘されます。

ここまでが、中国古典学の範疇における議論ですが、（右開き順で次、）中央に置かれた山邊論文「漢文訓読・日本漢文への熱いまなざし」では、自身の海外（東南アジア・ヨーロッパ諸国という地域）における漢文及び日本古典という「メディア読解」の方法を教授した経験に基づき、その試みの現代的意味と教授法の実情、受講生の反応等が具体的に紹介され、東アジア学が世界の中で置かれている地位や役割に関する知見の一端も得られます。なお、執筆者は海外講座としてインターネットという現代的メディアを通じた「漢文訓読」授業も行っています。

ここからは、「左開き（横書き）」順に現代メディア論に関する各論を概観します。

まず江藤論文「ローカリティの「発見」をめぐる移動の物語」では、特に日本の一九七〇年代の文化状況を中心にそれ以降の展開を論じていますが、その際「ローカリティ（地方・故郷）／東京（一極集中＝都市）」の対比を一つの軸とし、多様なメディアの相互連関が生み出す空間イメージの変容（再編成）を、観光戦略としての「旅」表象の諸相、流行した楽曲の歌詞の変化等を手掛かりに、重層的に論じています。

谷島論文「日常をつくるメディアとしてのテレビ」では、「日常の感覚をつくるもの《メディア》」としての「テレビ」の役割について、主としてその機能不全を露呈した所謂「三・一一」東日本大震災の、「福島」という「地域」の限られた時間（十一日一六時三十分頃から十二日十七時過ぎ）におけるアナウンサー・解説者の「語り」と「映像」との乖離し矛盾した状況を詳細に分析することで明らかにしています。

松本論文「映像と空間をめぐる関係性の現在」では、現代文化・テクノロジーの最前線に伺いうる徴候として「二次元の三次元空間への介入」、つまり絵画《タブロー》や写真《印画紙》、モニター、タッチパネル等の平面（二次元の窓）の向こうに虚構的に感得される「空間」が、我々の現実の空間に介入・侵入しつつある傾向を指摘、主として「地図」という空間把握のためのメディアの進化―客観的な汎用性のある計量的正確性を持つ従来の地図から主観的（個人）の目的・手段に資する「エゴセントリック」なデジタル地図へ―を手掛かりに論じています。

以上、詳細は各論をお読みいただきたいのですが、時代や地域が必ずしも一致していないこれらの論には共通するいくつかの論点・視点が見えます。例えば、伊藤、田中、植松論文では、どれも資料として「地方志」が登場し、文学と観光というテーマが共通して見えますが、それは地域イメージと歌詞を論じた江藤論文、現実空間と地図との関連性を扱う松本論文と合わせ見ると時空を超えた共通点や文化的相違点とが見えてきます。

また、「語り」と「イメージ」とによって構成されるメディアという捉え方は谷島論文に主題的ですが、その問題はテーマ自体は異なるものの、植松論文や田中論文で扱われていた特定の風景が絵画・図像（イメージ）と詩文表現（言語）との相互関係から創出されるという観点との近さが感じられます。

読者の皆さんには、独自の感性・視点からこれらの諸論を自由にリンクさせて東アジア文化を考察するヒントを得てほしいと思います。

本書は、主として伝統的な中国古典学や中国語などの中国文化を学ぶ中国文学科と、平成二十九年度から開設された都市文化デザイン学科とのコラボレーション企画として編纂されたものです。現代日本社会の中で多様な文化を実際に構築することを目指す都市文化デザイン学科と中国文学科は一見関連がなさそうですが、むしろ中国学の文化資源を現代に活用しうる良い機会が創出されるのでは、という期待を抱いています。本書がわずかでもその役割の一助とならんことを願っています。

東アジアにおける都市文化——都市・メディア・東アジア——

＊目次

目次

東アジアにおける都市文化

――都市・メディア・東アジア――

古代中国の都市論
——理念の王国から国際都市へ——

◆文学部　中国文学科　牧角　悦子
Etsuko Makizumi

一、杜子春《とししゅん》と洛陽

芥川龍之介の小説「杜子春」をみなさんご存知だと思います。もともと子供向けの童話として書かれたこの小説は、中国の唐代伝奇《でんき》小説を種本《たねほん》としながら、親子の情愛と平穏な暮らしの有り難さを、やわらかい文体で描いた近代小説です。その冒頭は次のように始まります。

或《ある》春の日暮です。
唐の都洛陽《らくよう》の西の門の下に、ぼんやり空を仰いでいる、一人の若者がありました。若者は名は杜子春といって、元は金持の息子でしたが、今は財産を費い尽して、その日の暮しにも困る位、憐《あわれ》な身分になっているのです。

何しろその頃洛陽といえば、天下に並ぶもののない、繁昌《はんじょう》を極めた都ですから、往来にはまだしっきりなく、人や車が通っていました。門一ぱいに当っている、油のような夕日の光の中に、老人のかぶった紗《しゃ》の帽子や、土耳古《トルコ》の女の金の耳環や、白馬に飾った色糸の手綱が、絶えず流れて行く容子は、まるで画のような美しさです。

しかし杜子春は相変らず、門の壁に身を凭《まか》せて、ぼんやり空ばかり眺めていました。空には、もう細い月が、うらうらと靡《なび》いた霞の中に、まるで爪の痕かと思う程、かすかに白く浮んでいるのです。

小説「杜子春」は、洛陽にたたずむ杜子春のため息からはじまります。うらぶれた一人の青年杜子春を描くのに、その背景が洛陽なのは何故でしょう?

日本人は古くからの中国の文化を憧れに満ちて受け入れてきました。特に隋・唐の時代に遣隋使・遣唐使によってもたらされた中華文化は、日本人の教養の基礎であったと同意に、直接的に触れることができないが故の強い憧れの対象でもあったのです。洛陽・長安といった地名から、我々日本人は特別な感覚を受けてきたのでした。

洛陽という地名は、もともと洛水《らくすい》という大きな川の北側の町、という意味です。それが日本では都《みやこ》の代名詞となり、京都を「洛」と呼んだことは、「洛北《らくほく》」「上洛《じょうらく》」などの言葉からご存知のことと思います。芥川の小説が洛陽を舞台として始まるのは、このような日本人の唐文化に対する憧れと繋がっているのです。

ただ、唐の都は、実は長安です。芥川はなぜ「唐の都洛陽」、と言ったのでしょう。それは、このお話がフィクションであることを暗に示したかったのかもしれません。あるいは、日本人にとって、「花の都は洛陽」という意識が反映したのかもしれません。それはそれで面白い問題なのですが、今はそのことについては深入りしません。ここでは、洛陽と長安という、どちらも強烈な個性をもった都市が、それぞれ古代の中国において、どのように認識されていたのか、洛陽・長安という地名から、人はどのような都市をイメージしていたのかについて、それを中国の文化の中からお話したいと思います。

二、班固《はんご》の「両都賦《りょうとのふ》」

『文選《もんぜん》』という書物をご存知でしょうか。『枕草子』に「文《ふみ》は文選《もんぜん》・文集《もんじゅう》……」と出てくる中国の古い書物です。『枕草子』は、平安朝貴族の教養として、『文選』『白詩文集《はくしぶんしゅう》』が重要であったことを伝えますが、実は『文選』は平安時代よりずっと前に日本に将来《しょうらい》され、聖徳太子の『十七条憲法』の文面にもその影響が色濃く見られます。『文選』は、非常に初期から日本の王朝文化に大きな影響を与えてきた権威的書物でした。

その『文選』の冒頭に置かれるのが、班固の「両都賦」です。

班固（三二―九二）は後漢の文人で、『漢書《かんじょ》』を書いたことで知られます。近年の中国学の学界では、班固こそが古典中国確立の立役者であったということが様々に論じられており、古典学の世界では極めて重要な文人です。その班固の書いた「両都賦」という賦は、長安と洛陽という二つの都（「両都」）について、それぞれがどのような実態と理念とを反映しているのか、どちらに都を置くべきなのかを論じた長編の賦作品なのです。

『文選』という書物は、六朝《りくちょう》と呼ばれた中国の中世の末期、梁《りょう》の昭明太子《しょうめいたいし》（梁王朝の皇太子であった蕭統《しょうとう》）

によって編纂された文集で、その時代以前の重要な「文」を「選《セレクト》」した作品集です。ただ、作品集とは言っても、近現代でいう文学作品というものと、それはかなり異なっています。古典世界の「文」は、儒教的価値を背景に持つ表現であり、現実的、社会的な働きをもつ文章です。ですので『文選』は、儒教の規範となりうる「文」作品を選んで示したものだと言ってよいでしょう。

その冒頭に置かれる「両都賦」は、『文選』のその様な意識を端的に表したものとして、つまり古典的「文」の最も重要な規範として掲げられたものなのです。

その「両都賦」で論じられている内容、すなわち「両都」というのが、上に述べた、長安と洛陽です。

三、長安と洛陽

「両都賦」に入る前に、長安と洛陽という町の、歴史的意味についてお話ししましょう。

春秋戦国の混乱を収束した秦《しん》（前二二一～前二〇二）は、咸陽《かんよう》に都をおきました。そこは、山と河に守られた、攻めにくく守りやすい軍事拠点でした。

秦が滅んで漢代になると、前漢の時代ではまだ異民族の侵攻や王族の反乱など、不安定な政情の中で、軍事的な守りが重要でした。ですので、前漢の都は、秦の都咸陽の郊外、川向いの長安に定められました。

前漢中ほどの武帝《ぶてい》（在位前一四〇～前八二）のころになると、王朝も安定し、政権維持のために、新しい王朝経営の理念が必要になってきます。この要請に答えたのが儒教です。それまで諸子百家の一つとして、あまり大きな力を持たなかった儒家・儒教を、王朝経営に大きく取り込んだのが武帝でした。以後、漢王朝は、様々なレベルで儒教というものを、王朝経営の手法として取り込んでいくことになります。

ところで、漢王朝が前漢と後漢に分かれているのは、その間に「新《しん》」という短期王朝があるからです。新は王莽《おうもう》の建てた王朝でした。王莽という人物は、前漢の外戚《がいせき》であり、高い知識と行政能力をもった知識人でした。彼は前漢末から知識人たちに重視され始めた儒教に対して、強烈な信念を持つ人であり、王朝経営を儒教の理念に近づけるために、自ら皇帝となりました。しかしあまりに性急な改革に現実がついていけず、結局失敗して滅ぼされます。王莽の新は、その短さ故に後の時代には激しい批判の対象になりますが、実は掲げた理想の高さ故に失敗した王朝だとも言えるでしょう。理念の崇高さと現実的対応とは、実際の政策においては常にバランスが必要なのです。

王莽の失敗の後、後漢になってようやく儒教というものが名実ともに漢王朝の中核に据えられるようになります。具体的には、章帝《しょうてい》の時の白虎観会議《びゃっこかんかいぎ》というものが、その規範の確立を示すのですが、それを推し進めた文人の中心的存在が班固でした。そして長安から洛陽への遷都もまた、そのような後漢の儒教政策の一環としてあったものなのです。

四、「両都賦」の意味（一）——西都長安

班固が「両都賦」を書いた理由は、その序文の中で次のように語られます。

京師脩宮室、浚城隍、起苑囿、以備制度。西土耆老、咸懐怨思、冀上之睠顧、而盛稱長安舊制、有陋雒邑之議。故臣作兩都賦、以極衆人之所眩曜、折以今之法度。

京師にて宮室を脩《おさ》め、城隍を浚《さら》い、苑囿を起こし、以て制度を備う。西土の耆老、咸《み》な怨思を懐

き、上の睠顧を冀《こ》い、而して盛んに長安の舊制を稱《しょう》し、雒邑を陋《ろう》とするの議有り。故に臣兩都賦を作りて、以て衆人の眩曜《げんよう》する所を極め、折《くじ》くに今の法度を以てす。

ここでは、後漢になって、新しく都を洛陽に経営し、「制度」を整えつつあるのに、西の地方の老人たちが、洛陽より長安のほうが良いと盛んに吹聴してそれを阻害するので、いま「両都賦」を作って人々の目を覚まさせたいのだ、と班固は述べます。

なぜ、西の老人たちは、都は長安の方が良いと言うのでしょうか。そして班固はなぜ、都は洛陽であるべきだと言うのでしょうか。

「両都賦」は、長安を描く「西都賦」と、洛陽について述べる「東都賦」の二部構成になっています。「西都賦」において班固は、長安出身者の口を借りて、長安という土地を多方面から描きます。そこは天然の要塞として軍事的に守りやすく、資源も豊かに都としての歴史も長いこと。長い歴史ゆえに多くの宮殿が建てられ、また町には公侯や商人の豪邸が並ぶこと。人々は豪奢を享受して贅沢に遊びまわり、特に歴代の皇帝の宮殿経営はその規模甚大で、天にまで届かんばかりの塔、船を浮かべた池、装飾を凝らした内装、美しい女性たちに溢れること。また天子の狩場である上林苑では、大規模な狩りと宴とが展開され、天子の威光は四方を照らすほどであること。長安擁護派の老人はこのように長安の利点を畳みかけます。「西都賦」は、長安の地の利と物質的な豊かさ、そして天子の威光を示すための豪奢な装飾を、「賦」という漢代の最も正統な文体で歌い上げたものです。

前漢という時代は、王朝国家の創立という大偉業を成し遂げ、漢王朝がその基盤を固めた時代でした。古代王朝がその基盤を固めるためには、それが天の意思を受けたものであるという神格化だけでなく、大掛かりな装飾による権威の誇示が必要です。長安の宮殿がことさらに贅沢を極めていたのは、古代という時代に王朝を運営するために必要なものだったとも言えるのです。

五、「両都賦」の意味（二）――東都洛陽

一方の東都洛陽は、では長安と比べてどのような違いがあるのでしょうか。

「東都賦」は、後漢明帝期（六七～七九）に遷都された洛陽が、儒教の理念に叶った帝王の都として経営されたことを称揚します。

ここでも、東都洛陽の人（「東都主人」）の口を借りて、まず西都の人が述べた長安の素晴らしさについて、それが非常に浮ついた価値であることを批判します。そして反対に東都洛陽が、儒教的理念に基づいて経営された理想の都であることを述べるのです。それは、王莽の簒奪《さんだつ》から奪い返した後漢の光武帝（在位二五～六七）、そしてその遺志を継いだ明帝が、天の意志を体現して「制度」を作ったこと、そして質素倹約を守りつつ、王業の基盤を築いたこととして表現されます。「制度」とは、理念を形に表したものです。それはまず人倫、すなわち人間関係の秩序を、夫婦・父子・君臣・上下と規定して社会を安定させること。次に儀礼の整備、つまり明堂（儀礼をおこなう場所）・霊台（天体観測所）・辟廱（大学）を立てて、王朝としての祭祀・教育を行うこと。更に商売ではなく農業への従事を勧めて税収を確保し、贅沢を避け倹約を勧めることで経済の安定を図ること。更に天子の狩猟もそれに続く饗宴も、すべて礼に叶った秩序の中で行われていること等、洛陽という都が儒教的価値を多方面に具体化して経営されていることを細かに描くのです。

東都の人の言葉は、最後に以下のように締めくくられます。

且夫僻界西戎、險阻四塞、脩其防禦、孰與處乎土中、平夷洞達、萬方輻湊？　秦嶺九嵕、涇渭之川、曷若四瀆五嶽、帶河泝洛、圖書之淵？　建章甘泉、館御列仙、孰與靈臺明堂、統和天人？　太液昆明、鳥獸之囿、曷若辟雍海流、道德之富？　游俠踰侈、犯義侵禮、孰與同履法度、翼翼濟濟也？　子徒習秦阿房之造天、而不知京洛之有制也。識函谷之可關、而不知王者之無外也。

且つ夫れ西戎《せいじゅう》に僻界し、險阻《けんそ》四塞し、其の防禦を脩むるは、土中に處りて、平夷洞達し、萬方の輻湊《ふくそう》するに孰與《いずれ》ぞや？　秦嶺九嵕《きゅうそう》し、涇渭の川あるは、曷ぞ四瀆《しとく》五嶽あり、河を帶び洛に泝《さかのぼ》り、圖書の淵なるに若かんや？　建章甘泉、列仙を館御するは、靈臺明堂の天人を統和するに孰與《いずれ》ぞや？　太液《たいえき》昆明、鳥獸の囿は、曷ぞ辟雍《へきよう》海のごとく流れ、道德の富めるに若かんや。游俠踰侈《ゆし》し、義を犯し禮を浸すは、同《み》な法度を履《ふ》みて翼翼濟濟たるに孰與《いずれ》ぞや？　子は徒《いたず》らに秦の阿房の天に造《いた》るを習いて、京洛の制有るを知らざるなり。函谷《かんこく》の關すべきを識りて、王者の外無きを知らざるなり。

ここでは、長安に比べて洛陽の方が都として優れていることを多方面からのべます。

西の異民族を防ぐために四方を山に囲まれ防御のために作られた長安に対して、中国の中央に在って全ての道がそこに集まる洛陽。河川の規模と霊験あらたかな名山名水において優れる洛陽。神仙への憧れを凝縮した西都の宮殿と、天地和合を具象化した東都の建築。人工的で豪奢な庭園の西都と、辟廱（大学）に海のように道徳が流れ込む洛陽。遊び人が贅沢に浮かれ義礼を無視する長安と、整然と法度を履み守る洛陽。つまり、物質的豊かさに溺れる長安に比べて、儒教的理念を掲げ、精神性を追求する洛陽の方がどれだけ優れているかは明白である、というのです。

もちろん、人間の営む都市ですから、班固がいかに高い理念を掲げていても、実際にはそれが全て実現していた訳ではありません。洛陽でも贅沢な遊びはあったでしょうし、朝廷の高官たちがみな質素倹約に勤めていたわけでもないのです。しかし班固はここで、洛陽を実態として描いたのではなく、そうあるべき理念の王国の都として描いているのです。

混乱を収束に導くものは軍事力であったり、術策であったりするのに対して、出来上がった組織を持続的に運用していくのに必要なのは理念や思想です。前漢から後漢への変化は、力の理論から体系化された思想への変化だと言えます。班固は「両都賦」の中で、軍事的拠点であった長安と、文化都市洛陽とを比べることで、後漢王朝が儒教の理念を体現する文化的王朝であることを示しているのです。

六、長安の発展

班固の「両都賦」の中で、その贅沢な文化を批判された西都長安は、漢王朝の滅亡（二二〇）後、六朝時代には北朝の首都として、異民族の支配下に置かれます。南朝の中心地は長江周辺のいわゆる江南地方でした。そして南北朝を統一した隋、隋を受け継いだ唐は、それぞれそのルーツを北朝に持っていたため、唐の都は、当然長安になったのでした。

唐王朝の王朝経営に儒教理念が不要だったとは言いませんが、しかし唐は漢に比べて、儒教理念に対しては厳格ではありません。むしろ唐初の皇帝たちは、強力な軍事力を背景に、積極的な対外政策、文化政策を実行し、その結果、唐王朝はグローバルな世界帝国へと発展しました。交通・経済、そして文化交流の盛んだった世界帝国唐王朝の都長安は、文字通りの国際都市として、東西をつなぐ文化の拠点となっていきました。シルクロードを通じて西域ともつながり、商人たちが異国の文物を交易する。仏教だけでなく、マニ教・ラマ教、そしてキリスト教も入ってくる。イラン人やトルコ人の屋敷があり、市場にはエキゾチックな胡姫《こき》が旋舞《せんぶ》を舞ったり酒屋《バー》で酒を注いだりする。いかがわしい宝石を売る胡商、火を噴く大道芸人、国際都市長安の市場はまさしく人種と文化の坩堝《るつぼ》でした。

杜子春がたたずんでいた東西の市場、町外れのペルシャ屋敷など、小説「杜子春」に描かれる町は、まさしく国際都市長安だったのです。

おわりに

中国の歴史は、唐と宋の間に大きな質の転換がある、というのが近代的な中国史観です。宗教的な権威を中核に据えた古代国家から、政治や経済という人為へと重心が移る近世国家へ、その転換は、唐の中ごろから準備されます。都市というものが、理念の王国を結晶したものから実際に人が生きて経営する空間へと変化する、そんな転換を、洛陽と長安という二つの都市は具現しているのだと言えましょう。

中国の地方都市と三国志遺跡

◆文学部　中国文学科　伊藤　晋太郎
Shintaro Ito

今からおよそ千八百年前、中国は魏《ぎ》（二二〇～二六五）・蜀《しょく》（二二一～二六三）・呉（二二二～二八〇）の三つの国に分かれて天下を争っていました。そうです、三国志の時代です。三国志は中国でもとても人気があり、小説『三国志演義』をはじめ、京劇などの演劇や講談はもちろん、最近ではテレビドラマ・映画・ゲームなどの媒体で消費されています。

人気のある三国志にまつわる名所旧跡は有力な観光資源でもあります。映画『レッドクリフ』（ジョン・ウー監督。日本ではＰａｒｔⅠが二〇〇八年、ＰａｒｔⅡが二〇〇九年に公開）で知られる「赤壁の戦い」の舞台となった湖北省の赤壁古戦場、二〇〇九年に発見のニュースが話題となった魏建国の立役者・曹操（一五五～二二〇）の墓である河南省の高陵など、三国志関連の遺跡はおよそ二十の省・直轄市・自治区に分布し、その数は数百か所に上るそうです。

三国のうち、小説『三国志演義』を代表とする物語の三国志において人気があるのは劉備《りゅうび》（一六一～二二三）

が建てた蜀です。後世に作られた三国志を題材とした物語では、蜀が善玉とされ、劉備配下の関羽・張飛・諸葛亮《しょかつりょう》（孔明）・趙雲《ちょううん》ら蜀の人物が活躍するからです。

内陸にある四川省は劉備が蜀を建国した地です。四川省には蜀の人物にまつわる遺跡が数多くあります。そこで、今回は四川省の都市にある三国志遺跡を取り上げて、それぞれの都市が三国志遺跡とどのように関わっているのかについて見ていこうと思います。取り上げるのは、省都の成都市内にある武侯祠《ぶこうし》と、近郊の大邑《だいゆう》にある子龍廟《しりょうびょう》などの趙雲関連遺跡です。

観光客が必ず訪れる「三国聖地」――成都の武侯祠

四川省は中国の南西地区にあり、日本全国がその中にすっぽり入ってしまうほどの広さがあります。成都は古来、その中心であり、劉備も蜀を建国すると成都を都としました。武侯祠は現在の成都の市街地にあります。

武侯祠とは「武侯」をまつった建物です。「武侯」とは、蜀の丞相《じょうしょう》（宰相）を務め、後世には天才軍師としてキャラクター化された諸葛亮、字（呼び名）は孔明のことです。孔明が死後に「忠武侯」と諡《おくりな》（生前の事績に応じて与えられる称号）されたことにちなみます。つまり、武侯祠には諸葛孔明がまつられているのです。武侯祠は中国各地に十か所以上ありますが、成都のものが最も規模が大きく、また最も有名です。

孔明（一八一～二三四）は、劉備に「三顧の礼」をもって迎えられ、天下を三分した後に統一を目指すべきだという指針、いわゆる「天下三分の計」を劉備に示しました。劉備がこの指針にのっとって蜀を建国し帝位につくと、孔明は丞相に任じられます。劉備の死後もその子の劉禅《りゅうぜん》（二〇七～二七一）に仕え、魏が滅ぼした漢（前二〇六～二二〇）の復興を果たすため、魏への北伐を繰り返しましたが、志を遂げられぬまま陣没しました。小説『三国志演義』等では孔明が縦横無尽に計略を駆使して活躍する姿が描かれますが、実際の孔明は軍事よりも行政に長《た》けた人だったようです。

唐（六一八～九〇七）の杜甫《とほ》（七一二～七七〇）に成都の武侯祠を詠んだ有名な詩があります。「蜀相《しょくしょう》」と題するその七言律詩の首聯《しゅれん》は次の通り。

丞相祠堂何処尋　　丞相の祠堂　何《いず》れの処《ところ》にか尋ねん
錦官城外柏森森　　錦官城外　柏《はく》森森

「丞相の祠堂」、すなわち武侯祠はどこにあるのだろうか。それは特産品の蜀錦《しょっきん》を作っていたため錦官城とも呼ばれた成都の西城の外、「柏」（コノテガシワ）がこんもりと茂ったところにある。そのように解釈できるこの二句から、武侯祠が杜甫の時代にはすでに現在とほぼ同じ位置にあったこと（厳密にいえば、現在よりもやや西なのですが）、および唐代には「柏」が「森森」となるほどですから南北朝時代（四二〇～五八九）にはもう武侯祠があったであろうことが分かります。南宋《なんそう》（一一二七～一二七九）の『方輿勝覧《ほうよしょうらん》』という文献には、武侯祠が四世紀初めに建立されたと記されています。

また、現在の武侯祠の敷地内には劉備の墓である恵陵や劉備の塑像を安置した劉備殿がありますが、当時は劉備の墓と廟《びょう》は武侯祠の隣にあり、両者はそれぞれ独立していました。ところが、明《みん》代（一三六八～一六六一）の初めに、主君である劉備の廟が臣下の孔明をまつった武侯祠よりも落ちぶれている状況を見た権力

【写真①】　成都武侯祠正門

者が、民衆が臣下を重視して主君を軽視することは許されないとして、武侯祠を廃して孔明の像や位牌《いはい》を劉備の廟に移すことを命じました。それ以来、君臣は一緒にまつられています。しかし、民衆はそれでもこの劉備廟を武侯祠と呼び続け、劉備の方が孔明の祠堂に移されたとみなしました。その後、明末の兵火によって焼け落ち、現在の武侯祠は清《しん》（一六二二〜一九一一）の康熙《こうき》十一年（一六七二）に再建されたものです。

このように千七百年の時を経て今日まで至る武侯祠は見所にあふれています（写真①）。武侯祠は大きく前後二つの区画に分かれており、前の大殿で劉備を後の大殿で孔明をそれぞれまつっています。一見、孔明の方が格上の扱いになっているようですが、劉備をまつる劉備殿の方が孔明をまつる諸葛亮殿よりも高くなっており、君主としての威厳を保っています。

正門を入って劉備殿に至るまでの見所としては、「三絶碑」「出師《すいし》の表」、および文臣廊・武将廊が挙げられます。「三絶碑」は唐代に建てられた碑で、文章を著した裴度《はいど》（七六五〜八三九）、それを書写した柳公綽《りゅうこうしゃく》（七六五〜八三二。楷書の四大家の一、柳公権の兄）、その字を石に彫りつけた魯建《ろけん》のいずれもが「絶」

＝非常に優れていることから、そう呼ばれています。この碑は唐の元和四年（八〇九）、当時四川を治めていた武元衡（七五八〜八一五）が武侯祠を参拝した時に建てさせたもので、武元衡の治績を孔明と同列に論じてたたえる内容になっています。

次の門を入ると左右に「出師の表」の刻石があります。「出師の表」とは孔明が宿敵である魏を討伐すべく出陣するにあたって二代目の劉禅（この時劉備はすでに死去）にたてまつった文章です。劉備に対する忠誠心にあふれ、古今の名文とされています。孔明は「出師の表」を二度たてまつっており、それぞれ「前出師の表」「後出師の表」と呼ばれています。武侯祠には前後の「出師の表」の刻石がともにあり、それらは南宋の名将・岳飛（一一〇三〜一一四二）の筆になると伝えられています。しかし、岳飛の手になるとされる「出師の表」の刻石は成都の武侯祠以外にも存在し、しかも研究によれば、岳飛の筆跡とは大きく異なり、実際には明代の人が岳飛に仮託して書いたもののようです。

この門と劉備殿の間にあるのが文臣廊と武将廊です。文臣廊には龐統《ほうとう》を筆頭に簡雍《かんよう》・呂凱《りょがい》ら十四人の文臣の塑像が並び、武将廊には趙雲を筆頭に孫乾《そんけん》・張翼ら十四人の武将の塑像が並びます。蜀を支えた人物がこれだけ居並ぶ様にはさすがに圧倒されるものがあります。全ての像の前に立ち止まってカメラを構える三国志ファンをよく見かけます。

劉備殿には高さ三メートルの劉備の塑像が鎮座しています。仁義を重んじる明君らしく大らかな姿をしています。殿内には孫の劉諶《りゅうじん》（?〜二六三）の像はありますが、息子の劉禅の像はありません。劉禅は宦官《かんがん》を重用して政治を腐敗させ、蜀を滅亡に導いた元凶とされています。唐代には劉禅の像もあったそうですが、すぐに壊されたといいます。それだけ劉禅は人々に憎まれていたのでした。

【写真②】　諸葛亮殿の孔明像

劉備殿の東側にある東偏殿には関羽（?～二一九）がその子の関平・関興、部将の趙累《ちょうるい》・周倉とともにまつられており、西側の西偏殿には張飛（?～二二一）がその子の張苞《ちょうほう》、孫の張遵とともにまつられています。劉備・関羽・張飛の三人が同じ大殿内にまつられているのは、小説『三国志演義』など後世に作られた物語に見られる三人が義兄弟の誓いを結んだというエピソード「桃園結義」の強い影響によるものです。架空の人物である周倉が関羽とともにまつられていることからも民間で生まれた三国志物語の強い影響が見て取れます。武侯祠に流れる千七百年という長い時間は、史実のみならず、フィクションの世界をも取り込ませたのです。

劉備殿の後方にある諸葛亮殿には孔明とその子の諸葛瞻《しょかつせん》、孫の諸葛尚の塑像があります。孔明は頭に綸巾《かんきん》を戴き、身に鶴氅《かくしょう》をまとい、手に羽扇を持っています（写真②）。自信あふれるその姿はやはり『三国志演義』に描かれた大軍師としての孔明の姿です。ここにも実際の三国時代が終わった後、長い時間をかけて人々によって作り上げられてきたイメージが反映されています。諸葛瞻と諸葛尚は孔明の死後、やはり蜀を守るために命をささげて戦った忠臣でした。

諸葛亮殿から西に紅《あか》い壁に挟まれた道伝いを進むと、恵陵、すなわち劉備の墓があります。墓は円型であり、盛り土の高さは十二メートル、周囲はレンガ塀でおおわれています。皇帝の墓にしては小さ過ぎるのではないかとその真偽を疑う向きもありますが、歴史書の『三国志』にも劉備が崩御後に成都に葬られたこと、その墓が「恵陵」と呼ばれたことが記載されています。恵陵は武侯祠内で最も古い遺跡であることから、考古学上の座標点になります。つまり、恵陵を基準にして、すでに失われた遺跡や建物の所在地を考証することができるのです。

以上は清代に整えられ、現在まで伝えられてきた武侯祠の基本となる部分ですが、一九九〇年代以降、武侯祠はさらに拡大を続けています。まず、三国時代の遺物や歴史書『三国志』・小説『三国志演義』の各種版本などを展示した三国文化陳列室ができました。ここにはＮＨＫで一九八〇年代に放送された「人形劇三国志」に登場した孔明の人形（川本喜八郎氏作）も展示されています。

【写真③】 三義廟の関羽像

諸葛亮殿の後ろには三義廟が建てられました。これはもともと別の場所にあった「三義祠」を移したということのようですが、実際には全く新しい建築物となっています。中にある劉備・関羽・張飛の塑像も現代的なデザインであり、まるでドラマの中から抜け出してきたかのようです（写真③）。「三義」とは物語の中で義兄弟の誓いを交わした三人の義士を指します。

さらに三義廟の後方には結義楼が建てられました。「結義」も劉備・関羽・張飛が義兄弟となったことを表しています。この結義楼には舞台が設けられており、三国志のお芝居が上演されることもあります。

武侯祠の敷地の東側には歴史的な街並みを模した「錦里《きんり》」が建設されました。三国志の文化と四川の伝統的な民俗文化をテーマとしており、三国志の人物の切り絵や四川省閬中《ろうちゅう》の名産である張飛牛肉などの土産物が売られています。蜀錦製作の実演を見ることもできます。ここには観光客が毎日ひっきりなしに訪れ、成都観光の注目の的となっています。

このように、武侯祠は歴史書にも明記される劉備の墓を中心にして、千七百年余りの間に紆余曲折《うよきょくせつ》を経ながらも、民衆の孔明に対する崇敬を一番の支えとし、民間の三国志物語が作り上げたイメージをも採り込みながら今日まで発展してきました。それは三国志文化発展の過程とも重なります。最近も結義楼や錦里などが建設されて武侯祠の拡大は止まりません。しかし、それらはこれまでに作られた武侯祠の基本となる部分と齟齬《そご》を来すことはなく、むしろその延長上にあるといっていいでしょう。武侯祠の正門前には「三国聖地」と刻まれた石碑が置かれていますが、まさにその名に恥じない風格を持った三国志遺跡といえます。だから、成都に来た人は必ずここを訪れるのです。

歴史を断ち切られた三国志遺跡——大邑の子龍廟など

成都は三国志遺跡である武侯祠を上手に活用して観光の発展に利用していますが、四川には三国志遺跡の活用の仕方に疑問を感じる町もあります。次に紹介する大邑がそれです。大邑は成都の中心部から西に約五十キロのところにあり、趙雲が晩年に守備したところと伝えられます。

趙雲（?〜二二九）は字を子龍《しりょう》といい、最初は公孫瓚《こうそんさん》（?〜一九九）に仕えましたが、後に劉備に仕えることとなりました。「赤壁の戦い」の直前の「長坂の戦い」において、劉備軍が曹操軍に敗れて敗走した時、よく劉備の子の阿斗《あと》（のちの劉禅）を守りました。その後、劉備の蜀攻略や孔明の魏討伐などに参戦しています。小説『三国志演義』では史実以上に活躍の場が増やされ、関羽・張飛・馬超・黄忠と並んで蜀の五虎大将の一人とされています。

趙雲が大邑を守備していたことは、実は歴史書『三国志』には書かれていません。明代に四川を治めた曹《そう》学佺《がくせん》（一五七三～一六四六）の『蜀中広記《しょくちゅうこうき》』に趙雲が大邑で羌《きょう》族を防いでいたことが記されます。趙雲のものとされる墓は大邑の錦屏山《きんぺいざん》の麓にあり、これはおそらく小説『三国志演義』において趙雲の死後に劉禅が錦屏山の東に葬るよう命じたとあることにちなむと思われます。つまり、『三国志演義』に見える錦屏山が大邑にもあったために（錦屏山という名の山は中国各地にあります）、そこにあった墓を趙雲のものとしたか、墓そのものが作られた可能性があるのです。さらにそこから趙雲が大邑に駐屯していたと言い伝えられるようになったのではないでしょうか。

勇み足となることを恐れずにいえば、これは『蜀中広記』を著した曹学佺の自作自演かもしれません。というのは、曹学佺が四川を治めていた万暦《ばんれき》年間（一五七三～一六二〇）、彼の故郷の福建では『三国志演義』の出版競争が盛んでした。『三国志演義』を読んでいた曹学佺が、四川の中心都市の成都からほど近い大邑の錦屏山を『三国志演義』に趙雲の埋葬地として出てくる錦屏山だと思い込んで、そこにある墓や遺跡を趙雲と結びつけた、あるいはそこに作ったということはあり得ない話ではないのです。

それはともかく、趙雲の墓（子龍墓《しりょうぼ》）と彼をまつった廟（子龍廟）とされるものが大邑にあったことは確かであり、明代の子龍廟は山門・大殿・正殿を持つ規模の大きなものだったそうです。正殿には趙雲の全身

【写真④】 現在の子龍廟

座像があり、その脇を息子の趙統《ちょうとう》と趙広《ちょうこう》の立像が固めていたと伝えられます。その後、明末の戦乱により損害を受けましたが、清代に再建され、毎年決まった時期に祭祀《さいし》を執り行なう官祭の対象にもなりました。

しかし、一九六六年から十年間続いた文化大革命による破壊で、かつての子龍廟・子龍墓は見る影もなくなってしまいました。子龍廟・子龍墓の敷地には大邑県職業高級中学（職業高校）が建てられ、廟の建物は学生宿舎や資材置き場になりました。しかし、子龍廟・子龍墓は立派な観光資源になり得るものです。大邑では、学校を移転させて廟を残すべきか、廟を移転させて学校を残すべきかという議論が長年続きました。そして、最終的に後者が選択されたのです。子龍廟は錦屏山から一キロ離れた静恵山に移転、というよりも新たに作られることになりました。

筆者は二〇一六年十月に大邑を訪れました。そこで見たのは目を疑う光景でした。子龍廟・子龍墓の敷地を占拠していた大邑県職業高級中学は別の場所に移転し、跡地はさら地になっていました。子龍廟の建物は残っていますが、荒れ放題で、やはり中は物置きのようになっていました（写真④）。廟の裏には子龍墓もありましたが、何年もほったらかしにされていたことが生え放題の草木の中に埋もれている様子から分かります（写真⑤）。趙雲は三国志の人物の中では孔明に次ぐ人気を集めるという調査結果もありますが、そんな武将が眠る場所にしては、この状況は悲しい限りです。

一方、移転先となった静恵山は静恵山公園として整備されており、移転した趙雲の廟である子龍祠《しりょうし》も公園内の見所の一つという位置づけになっています。もっとも、子龍祠は何のゆかりもない場所に建てられたわけではなく、静恵山にも民衆が趙雲を慕って建てた祠《ほこら》があったそうです。子龍祠はそこに建てられたのでした。静恵山にはこのほかに趙雲が羌族を防いでいたことにちなんで望羌台《ぼうきょうだい》という建造物も作られています。

子龍祠は廃墟《はいきょ》となった子龍廟に残されていた建物と比べるとかなり素朴な造りですが、中には趙雲の座像があり、両脇には趙統・趙広の二人が立っていて、破壊される前の子龍廟の姿に近づけようとしたことが見て取れます。三人の像の向かって左側には趙雲の乗っていた白馬の塑像まで安置されています。向かって右側には「長坂の戦い」での趙雲の阿斗救出を再現した躍動感あふれる塑像があります。

【写真⑤】　子龍墓

二〇〇八年五月十二日の四川大地震ではこの子龍祠も大きな損害を受けたそうですが、二〇一六年十月一日の国慶節（建国記念日）に静恵山公園がリニューアルオープンするにあたって、子龍祠も面目を一新して再公開されました。もっとも、建物の外側に欄干が設けられて中が見えにくくなったのは残念ですが……。子龍祠の付近には趙雲の立像と阿斗救出を表した騎馬像とが新たに設置されています。特に騎馬像は非常に出来がよく、現代人好みの趙雲の格好よさが存分に表現されています。ただ、設置の際に左右を間違えたようで、正面から見

【写真⑥】　静恵山公園の趙雲騎馬像

ると、趙雲の顔が奥を向いてしまっているのが惜しまれます（写真⑥）。裏手にある階段から眺めるのがベストポジションです。

これまで見てきたように、趙雲が守備していたと伝えられる大邑には趙雲に関連する三国志遺跡があります。しかし、子龍廟は学校に追い出され、子龍墓は荒れ果てたままです。子龍廟を静恵山公園に移して子龍祠としたことは、観光スポットが一つの公園内に集約され、観光客にとって便利ではありますが、遅くとも明代から続く大邑の三国志文化の歴史を断ち切るものであったことは否定できません。

大邑の趙雲関連遺跡について歴史的根拠が薄いことはすでに述べましたが、成都の武侯祠とて三国時代のものは劉備の墓である恵陵のみです。それ以外は三国時代より後のもの、特に清代になって再建された際のものが主です。それでも武侯祠が三国志遺跡として「三国聖地」の名に恥じない価値を有するのは、その死の直後から見られる人々の孔明に対する崇敬の歴史をしっかりと受け継ぎ発展させていること、ひいては、三国時代から今日まで千八百年続く三国志文化の歴史を我々に見せてくれているからではないでしょうか。

三国志遺跡とは何も三国時代の戦場の跡や三国時代の人物の墓だけではありません。詩文・講談・演劇・小説などの文学や、関帝信仰（神格化された関羽に対する信仰）などの思想・宗教、今も中国各地に伝わる三国志にまつわる民間伝説、三国志に基づいた成語など、中国人の精神文化に三国志は多大な影響を与えています。こうした三国志文化に基づく遺跡、例えばフィクションである「桃園結義」の地とされる河北省の三義宮や、やはりフィクションである孔明が風向きを変えるために祈禱《きとう》した場所とされる湖北省の拝風台も立派な三国志遺跡です。そこには人々の三国志文化に対する受容の有り様が反映されているからです。三国志遺跡から我々は中国人を知ることができるのです。

だから、趙雲を思慕する人々によって作られた大邑の趙雲関連遺跡の価値も決して低いものではありません。しかし、現状を見るに、それらは県政府の方針のぶれに振り回され、歴史を断ち切られた不幸な三国志遺跡となってしまったといわざるを得ません。自分たちの故郷の先人たちが積み重ねてきた歴史や伝統を尊重しない町に観光客は魅力を感じるでしょうか。大邑が成都の武侯祠に学ぶべきことは多いはずです。子龍廟や子龍墓がいつの日か再整備されてかつての輝かしい姿を取り戻してくれることを願ってやみません。

【参考文献】　沈伯俊『三国漫話』四川人民出版社、二〇〇〇年
成都武侯祠博物館羅開玉・李兆成主編『三国聖地——武侯祠漫游』四川科学技術出版社、二〇〇三年
渡邉義浩・田中靖彦『三国志の舞台』（世界歴史の旅）山川出版社、二〇〇四年
陳樹文『趙雲与通都大邑』（古典川西旅游文化知識系列叢書之一）中国文史出版社、二〇一〇年
沈伯俊（講）、伊藤晋太郎（訳）「諸葛亮と成都」、『三国志研究』第九号、二〇一四年

［附記一］　本稿所載の写真は全て筆者撮影。

［附記二］　本稿は二松学舎大学特別研究員規程による研究成果の一部です。

中国における風景認識の展開と「図経」

◆文学部　中国文学科
田中　正樹
Masaki Tanaka

はじめに

我々の普段の風景の楽しみ方としてまず思い浮かぶのは、所謂「名所」（桜の名所、紅葉の名所など）を訪れ、あるいはその写真・動画を眺める、というやり方です。これは既に誰かが見出し、時代を経て世から認められた景色を、他の場所とは異なって優れたものとしてあらかじめ了解した上で楽しんでいるわけです。しかし、心を動かされる風景は、もっと個人的な出来事として、或いは偶然性の結果として人知れず見出されることもあります。散歩の途中で、見知らぬ旅先の地で、思いがけず出会った景色、詩人や画家であればその体験を詩や絵画に定着させるでしょう。つまり、自らが「名所」の発見者、創造者となるのです。

このように、風景が風景として立ち現れるには、ある契機が必要です。日常の中で網膜には映っているが特別なものとして意識に上らない情報、主題的な何かとして認識されない、景色以前の景色、無意識の内に危険を避けるようなルーティン的な外界認識、こういった心的経験が恐らくは圧倒的に多いでしょう。通勤の途中で風景を楽しむことは皆無ではないにしても稀でしょうし、我々が地方に行って美しいと感じる山谷は地元の人にとっては取り立てて意識に上らない日常の背景にすぎません。では、風景を風景として成立させているのは何でしょうか。それは風景を構成しようとする意識と、それを情報に加工・構築し、メディアとして外に開く行為、とさしあたり言えるでしょう。旅行の醍醐味は、普段経験できない「美しい風景」「おいしい物」との出会いがあげられますが、普通それは旅行案内書の情報が頼りです。つまり、どこに訪れるか（目的地の選択）から始まり、何を見るべきか（「名所」の指定）、どんな食べ物が特産か（産品の種類）まで、案内書の情報に基づいて選択、行動することになります。旅行案内書は文字・画像情報の集積ですが、これは元来「他者」の認識・判断という「多者」性（一般化された評価）が基本となっていますので、「名所」巡りはあらかじめ構成された―見方を規定された―風景を鑑賞するといった、既に先入観を背景とした視点を含んでいます。端的に言えば、「名所（訪れるべき価値のある風景）」はメディアが創るもの、ということになります。

一　図経と風景

さて、上に述べた事情は本論で取り扱う中国古典世界での「風景」認識にも当てはまるように思われます。唐代や宋代の詩（詩序も含む）にはしばしば特定の地の景観と「図経」との関係を示す例が見られます。「図経」とは図付きの地理書のことです。総志（全国を記述した地理書）や地方志（郡や県などの限定的地理書）

に「図経云〈図経に云ふ〉」「按図経〈図経を按ずるに〉」などと見られ、また「隋図経云」ともあることから固有名詞、即ち『図経』や『隋図経』という名の本が存在していたとも考えられますが、一方「ある地理書」というほどの呼称としての用法かと思われる場合も多々あります。そもそも中国には古代から地理に関するまとまった記述が存在し、例えば五経の一つ『書経〈尚書〉』には中国最古の体系的な地理書と言われる「禹貢」篇があり、正史の『漢書』には「地理志」があります。中国の広大な国土を統治するには、各行政単位の沿革・戸数・地勢・産物・風俗などを把握する必要があり、その記録が編纂されるのは頷けますが、興味深いのは次第に各地の自然景観〈景勝地〉や文化的情報〈史跡・縁のある人物・その地を詠った詩〉なども掲載されるようになることです。つまり、観光案内書の役割も担っていたのです。顕著な例を挙げれば、南宋・祝穆の著した『方輿勝覧』は、『四庫全書總目提要』に「書式の体裁は、沿革や地域区分、場所の位置関係、租税、戸数人口など他の方志に詳細に記述されていることは簡略に述べ、ただ名勝・古跡は多く列記し、〈その地に関する〉詩・賦・序・記は他書にはないほど完備している。恐らく遊覧し詩を作る為に作ったのであり、調べものの為に作ったのではないだろう。「地記」〈地理書〉といっているが、実は「類書」〈百科事典〉である」と紹介されています。つまり、単にその地域の行政上必要な情報だけでなく、むしろ士大夫がその地域の名所を知るための、その地について記された過去の詩文を掲載していることに特色があるというのです。知識人〈士大夫〉にとって、訪れる価値があると評価されてきた場所に行き、詩を詠うための「総合観光案内書」として機能していたことがわかります。

このように「図経」を旅游の手引きとしていたことを窺わせる詩が、中唐の韓愈〈七六八~八二四〉にあります。

将に韶州に至らんとして先づ張端公使君に寄せて図経を借る（將至韶州先寄張端公使君借圖經）

〔朱文公校昌黎先生文集・巻十〕

曲江山水聞來久　曲江の山水　聞き来ること久し
恐不知名訪倍難　恐らくは名を知らずんば訪《と》ふこと倍《ますます》難からん
願借圖經將入界　願はくは図経を借りて将《まさ》に界に入り
毎逢佳處便開看　佳処に逢ふ毎《ごと》に　便《すなは》ち開きて見ん

韓愈はこれから訪れようとする韶州に至る前に予め「図経」を借りた上で、風光明媚な場所に出逢うたびに、その場所を「図経」で確認しようというのです。この行動は、現代の我々が観光する際に観光ガイドブックを携帯し、適宜参照するのと似ていると言えます（同様の行為は北宋初の李度にも見られる。〔宋史・列伝・文苑二〕）。

また、晩唐・齊己（八六三〜九三七）「懷武陵因寄幕中韓先輩何從事」詩〔白蓮集・巻九〕には、

武陵嘉致跡多幽　武陵の嘉致《かち》（美しい景色）　跡　幽なる多く
毎見圖經恨白頭　毎に図経を見ては　白頭なるを恨む

とあり、「図経」を参考に訪れるべき景勝地を想見していたことが分かります。つまり、南朝宋の宗炳の「臥游」の「図経」バージョン―地図とその地についての詩文を頼りに仮想的に旅游する―というわけです。尤

も、齊己が未見の地に行けないことを残念がるのに対し、宗炳の方は既知の地を絵画化して想起する、という点では異なりますが。

更に、名山に関して図経を読んで熟知する必要があるとの発想も見受けられます。晩唐・薛能（817-880）の「華嶽」を詠んだ詩〔全唐詩・巻五五八〕では、

簇簇復亭亭　簇簇《そうそう》（つらなり）　復た亭亭《ていてい》（高くそびえ）

三峰卓杳冥　三峰　卓《たか》くして杳冥《ようめい》たり（かすむほど高い）

毎思窮本末　毎《つね》に思ふ　本末（華嶽の全体）を窮めんとすれば

應合記圖經　応《まさ》に図経を記す合《べ》し

と、華嶽の全体像を知りたければ「図経」を記憶すべきと詠い、また五代・李中（九二四〜九七五？）が「廬山」を詠んだ詩〔碧雲集・巻中、全唐詩・巻七四八〕では、

控壓潯陽景　控圧《こうあつ》す　潯陽《じんよう》の景

崔嵬古及今　崔嵬《さいがい》たり　古より今に及ぶ

勢雄超地表　勢《いきおい》雄にして　地表を超へ

翠盛接天心　翠《みどり》盛にして　天心に接す

湓浦春煙列　湓浦《ぼんほ》　春煙列《つら》ね

星灣晩景沈　　星湾《せいわん》　晩景沈む

圖經宜細覽　　図経　宜《よろ》しく細《つぶ》さに覧るべし

題詠卒難任　　題詠　卒《つひ》に任じ難《がた》し

とあります。冒頭四句で廬山の天を突き周囲を圧倒する雄大さを示したあと、湓浦・星湾といった水辺に視点を移しますが、七・八句で廬山の景観は「図経」で詳しくみるのがよく、但し（「図経」に載すべき）「題詠」の詩を作るのは困難だとしています。この二例から、名山とされる景勝地は、「図経」の情報（既知の風景の見方）に基づいて享受する、という考えが珍しくなかったことが分かります。

一方、北宋の晁補之（一〇五三〜一一一〇）は、初めて安仁県を訪れた際、早瀬の水が髪毛を写すほど清らかで、その中には採集すべき色とりどりの奇石があるので、県知事に「図経」を借りてみたところ、渓は雲錦渓、村は玉石村という名であった、として詩を詠んでいます（「初上安仁、灘清見毛髮。其中奇石五色可掇拾也。從縣令借圖經、溪曰雲錦溪、村曰玉石村」詩〈濟北晁先生雞肋集・巻二一〉）。この例からは、実際に訪れ自身で見た景色を、そのまま自ら見出した「風景」とするのではなく、「図経」つまり既に見出された「風景」のリストで確認する手続きが常になっていたことが伺えます。

逆に、「図経」にない遺跡を発見したことを記すこともあります。中唐の王建の絶句「酸棗縣蔡中郎碑に題す」（題酸棗県蔡中郎碑〈王司馬集・巻八〉）は後漢の文人蔡邕《さいよう》（一三二〜一九二）の恐らく自筆の筆跡を刻んだ石碑が風化し苔に覆われている状況を見出し、その石碑が「図経」に見えないことを詠っています。

蒼苔満字土埋龜　　蒼苔満字土　亀〔亀形の石碑の土台〕を埋め
風雨銷磨絶妙詞　　風雨銷磨す　絶妙の詞
不向圖經中舊見　　図経中に（向《お》いて）旧《もと》見ず
無人知是蔡邕碑　　人の知る無し　是れ蔡邕《さいよう》の碑なるを

北宋の賀鑄（一〇五二～一一二五）は、江夏の今まだ知られていない古跡を採り上げて詩を作り、郡の「図経」の不備を補う、として頭陀峯の頂にあり始皇帝が南巡の際、そこの石で剣を磨いだとされる「磨剣池」の詩など八首作っています（「江夏八詠 丁丑九月、采江夏陳跡未著于時者賦之、以補郡圖經之闕焉」詩〔慶湖遺老詩集・巻八〕）。賀鑄は、自身の詩が「図経」に収録されることを期待していたかもしれません。

このように、「図経」を詩のアンソロジーと認識する例は、南宋の楊万里（一一二七～一二〇六）の詩「笠沢叢書を読む（讀笠澤叢書）」〔誠齋集・巻二七〕にも見られます。

松江縣尹送圖經　　松江県尹　図経を送る
中有唐詩喜不勝　　中に唐詩有り　喜び勝へず

松江県の長官が楊万里に「図経」を送ってくれ、そこには唐詩（この詩は陸亀蒙の詩集『笠沢叢書』を読む、というタイトルですから、恐らく晩唐の詩）が収録されていて喜んだ、という内容ですが、ここで注目したいのは、地域情報志としての「図経」（書籍メディア）を友人に送る程出版文化が成熟していること、及びその地方志を「詩」の掲載に於いて評価・重要視している、ということです。

「図経」は、その名の通り基本的に地図や山水を概念的に配置した図などの視覚情報と文章や詩などの文字情報を含む総合メディアと言えますが、実際には図は失われたり、そもそもついていないもの（それでも「図経」の名を残していた場合）もあったようです。しかし、文字通り「図」が付属する場合でも、それは所謂「山水画」つまり中国的な風景画として認められるようなものではなく、あくまで町や都市、遺跡等の位置関係を示す「概念図」的なもの（観光地の案内板と大差ないもの）にとどまっていたようです。以上では、士大夫たちが風景を認識するに際して参照していた文字（詩文）とイメージ（図像）を含むメディアとしての「図経」を見てきましたが、直接的に風景を表象するメディア「山水画」の立場から「図経」を批判している絵画論が存在するので、次に簡単に検討しておきましょう。

二　画論における「図経」批判

北宋徽宗朝の画院画家といわれる韓拙には『山水純全集』という山水画論があり、山水（山・谷・川）の分類とその名称やそれらの地域・四季別の特徴をはじめ、林木・石・雲霞などの気象や水蒸気表現、山水画中の人事（描かれる点景としての人物や橋・関所や城・寺観などの建築物等）や四季の風物、筆や墨の用法や気韻、絵画の鑑別とその理論、画家の修養などに関して、それ以前の画論を踏まえ論じています。その中で、それ以前の画論には触れられてこなかったことですが、「図経」を避くべき風景表現としています。

城壁に囲まれた都市（町）は、城壁の凹凸が映え、楼屋が望見するように描くが、それらは山や林の間に見え隠れするようにすべきで、すべてさらけ出してはいけない。図経のようになってしまうのを心配するからである（城者、雉堞相映、樓屋相望、須當映帶於山崦林木之間、不可一一出露、恐類於圖經）。〔「論人物橋彴關城寺観山居舟車四時之景」〕

ここでの「図経」は勿論それに含まれる「詩文」の部分ではない「図像」表現を指すでしょうが、それが否定されるのは記号的・概念的な表象としてそれぞれの地理的位置関係を明示する都市案内図のようなものであり、図像的に全てを明確にさらけ出し鑑賞者の想像力の行使を妨げる即事的な視覚表象だと認識されているからだと思われます。

また、「古画法」と「（写）真山」との対比に於いても「図経」は批判されます。

筆遣いが粗すぎるとその理趣に欠け、細かすぎると気韻がなくなる。一皴一点一勾一斫（といった筆法）には、みな然るべきやり方がある。もし古の画法に従わず、ただ見たままの山を写しとるだけで、遠近深浅の区別をしなかったら、まさに図経である。どうして格法や気韻を得ることができようか（其筆太麄則寡其理趣、其筆太細則絶乎氣韻。一皴一點一勾一斫、皆有意法存焉。若不從古畫法、只寫真山、不分遠近淺深乃圖經也。焉得其格法氣韻哉）。〔「論用筆墨格法氣韻病」〕

遠近・深浅といった三次元的空間が表現されていない山の図像が「図経」とされますが、ここでは、理趣や気韻を表現する筆法である「古画法」に従うことが求められ、「真山」を「写」すだけではその「図経」になってしまう、との考えが示されています。「真山」は実際の山の見た目（イメージ）だとすれば、それを「写」す（見たままを定着させる）こと自体は現在の絵画観からすれば否定すべきことではないように思われますが、韓拙は「画」と「写」を区別します。

古今の山水の格はみな画である。古の画家の画き方（画法）に通ずる者は神全の気を得るが、対象を写し取る方法（写法）に意を用いる者には図経の病（欠点）がある。このこともわきまえなければならない（古今山水之格皆畫也。通畫法者得神全之氣、攻寫法者有圖經之病、亦不可以不識也）。〔「論觀畫別識」〕

『山水純全集』に於いて、「格」とは絵画を鑑別するポイントの一つとされ、「気韻」と共に重要な概念です。韓拙は次のように説明します。

様々な絵画を詳しく観るのに、まず風勢・気韻を看、次いで格法の高下を究明するのは、これまでの優れた画家には独自の流儀があり、描く規則には決まった用い方があるからである。もし生気が純粋で物事が道理に順い、規則の用い方が十全で格法が高ければ、固よりその格を得ている絵画である（凡閱諸畫、先看風勢氣韻、次究格法高低者、為前賢家法、規矩用度也。儻生意純而物理順、用度備而格法高、固得其格者也）。〔同前〕

つまり、「気韻」があり（「生気純にして物理順」で）、「格法」が高（「用度備《そな》わり格法高」）ければ、その絵画は「格」を得ている、というのです。とすれば気韻と独自の画き方（家法・スタイル）を獲得していてはじめて「画（画く）」と認められ、単に見たままを写す「写（法）」とは一線を画すことになります。よって、韓拙（宋代絵画論）に於いては、絵画は「気韻」という「対象から感得される気の生命感」を「格法」という「画家独自の主観による表現技法」によって描出するものと考えられていたといえるでしょう。そのような意味で、単なる「写真」は「図経」と貶められることになるのです。

ここで「主観」と表現しましたが、それは「自己の勝手な自尊心が作り上げた世俗に迎合するための根拠ない恣意性」を意味するものではなく、「古法を求め」「真山を写す」（ことによって「画く」すべを修得する）主体たる「自己の内なる自然」というほどの意味であることは、韓拙の次の言葉が証明してくれるでしょう。

> 画くにもし古法を求めず、真山を写さず、惟だ俗変に務め、虚浮に採合し、自ら古今を超越すと為し、心以て自ら蔽ひ、是を変じて非と為さば、此れ乃ち懵然として山水格要を知らざるの士なり、与に之を言ふ可きこと難し（畫若不求古法、不寫真山、惟務俗變、採合虚浮、自爲超越古今、心以自蔽、變是爲非、此乃懵然不知山水格要之士、難可與言之）。〔論山〕

つまり現実の山を「写す」だけでは優れた絵画表現にはならないが、かといって全く現実の山を見て描くことをしなければ、ある種の客観性（直観的な対象把握）を欠くことになってしまうので、韓拙も「写真山」を完全に否定しているわけではないと考えられます。

さて、山水画を画き、或いは鑑賞する立場からは「図経」の「図（像）」は対象を表象するあり方として否定的な評価を受けていますが、先に見たように士大夫が景勝の地を訪れて楽しみ、或いは自ら「景勝」を見出そうとする背景には「図経」メディアが一定の役割を果たしていたと言えるでしょう。そこで、次に「風景」（自然）と「図経」（文と画像の総合メディア）・「詩」（文学）・「山水画」（絵画）との関係について考えてみましょう。

三　「風景」の成立と「図経」・「詩」・「山水画」

「図経」が詩に現れるのは主に中唐以降のようですが、宋代に入ってもその傾向は続きます。まず、北宋の王禹偁（九五四～一〇〇一）が「琅邪山」を詠った古詩（小畜集・巻十）を紹介します。そこでは、琅邪山を巡る様々な「風景」が詠み込まれ、また詩と絵画とを対にする発想が伺え、「図経」も登場します。詩題については作者が「東晋の元帝（司馬睿）は瑯邪王として江を渡り、常にこの山に駐在した。だから渓や山はみな瑯邪という呼び名がある。晋以前はどのような名前だったのかはわからない（東晉元帝、以瑯邪王渡江、常駐此山。故溪山皆有瑯邪之號。不知晉已前何名也。）」と注をつけています。読者に対し詩に詠う地に歴史的背景があることに注意を促しているのでしょう。

1連袤復岧嶢　　連袤《ぼう》（横ざまに長く連なり）復た岧嶢《ちょうぎょう》（高くそびえ）
峰巒架泬寥　　峰巒（みねみね）泬寥《けつりょう》（晴れわたった空）に架《かか》る

流名自東晉　流名　東晉自《よ》りし
積翠滿南譙　積翠　南譙《なんしょう》（琅邪山の在る滁州の旧名）に満つ
5洞碧通仙界　洞　碧にして　仙界に通じ
溪明潤藥苗　溪　明らかにして　薬苗を潤す
古臺臨海日　古臺　海日に臨み
絶頂見江潮　絶頂　江潮を見る
9杉影拏雲暗　杉影　雲を拏《と》りて暗く
泉聲出竹遙　泉聲　竹を出でて遙なり
廟碑傳漢祖　廟碑　漢祖を伝へ
寺額認唐朝　寺額　唐朝を認む
旱歳時霑稼　旱歳　時に稼を霑《うるお》し
靈蹤合禁樵　霊蹤　合《まさ》に樵を禁ずべし
15詩章因我盛　詩章　我に因りて盛なり
〔自注〕唐賢遊者多矣。無瑯邪山詩。（唐賢遊ぶ者多し。瑯邪山の詩無し。）
屛障遣誰描　屛障　誰をして描か遣《し》めん
近住人多秀　近くに住みて　人　秀なる多く
頻登酒易銷　頻《しき》りに登りて　酒　銷《き》え易《やす》し
19圖經標八絶　図経　八絶を標《しる》す

詩は、水平方向にも垂直方向にも空間を占める琅邪山の雄大な姿から始まります。五・六句では洞窟や渓谷が異界へと通づるかのような清らかな場所であることを詠い、一転七・八句では視点を高所山巓からの眺望へ向け海や長江までの広がりを示します。九・十句では雲まで届くほどの杉林、竹林の奥から聞こえる滝の音で山の奥深さを描写しますが、十一・十二句ではそれまでの自然中心の景観から漢の廟碑・唐の寺額と歴史的に古い由来を持つ史跡の存在を述べ、旱魃時に恵みの雨をもたらす神聖な遺跡（?）での薪採りを禁ずべしと、人事・祭事にも触れます。

そして、次の聯（十五・十六句）には興味深い点が二つあります。まず、琅邪山を詠う詩はこの私の詩以降盛んに作られるようになるだろうが、一体誰に琅邪山の画を描かせようか、とする点です。十五句の自注を参照すればその意味は、琅邪山を訪れた唐の詩人は多いのに、それを詩に詠んだ人はいないので自分が先鞭をつけ追随者を待つ、ということでしょうが、景勝の地のありさまをいちはやく詩で表現することに意味を見出しています。つまり、視覚・聴覚等で感得した自己の経験・自己の思索を文字に定着させることで、独自の「風景」認識を創作したことになるのです。従って、最後の聯で「図経」が登場しますので、或いは先に挙げた例のように自身のこの詩が最初に「図経」に掲載される（景勝地を生み出す）ことを期待しているのかもしれません。

注目したい二点目は、詩と絵画とを対にして聯を形成していることです。士大夫は、景勝の地の様々な情報を文字メディア（詩）に変換するだけでなく、画像として視覚メディアに定着させたいという志向も有しているのです。従来、中国美学の特徴として「詩画一体論」の存在はよく知られていますが、ここではそのヴァリエーションの一つが示されていると言えるかもしれません。そもそもその論は本来全く異なる表現法である詩と絵画がそれぞれ他を包含する、つまりどちらか一方があれば他方も同時に仮想的に享受できるということです。しかし、優れた詩は読者に豊かな視覚イメージを追体験させますが、あくまでそれは読者の風景経験や知識の質・量の何如にゆだねられます。そこで、それに加えて絵画があれば、その風景をより直観的に把握する手段を得ることになります。一方優れた絵画からは、先に見たようにその風景の持つ本質的な気韻を画家の技巧によって直観できますが、その背後にある具体的な事実性（歴史や思想など）を把握するのは困難です（イコノグラフィ的解釈は教養の範囲内ですが）。文字は人の心情や概念をより普遍的に表現できるので、詩と画がそろえば風景の楽しみ方もより重層的になります。

勿論、士大夫によっては、絵画より詩の力を強く主張する場合があります。南宋の王十朋（一一一二〜一一七二）は、「次韵昌齢游白石二詩」（宋王忠文公集・巻三四）の詩序でこう述べます。

道岩と東際は、白石の二つの景勝地である。私はまだその景色を見たことがなかった。弟の昌齢が先ごろ登覧し、二首の詩を作って送ってくれたが、それは風景の他にない素晴らしさを写し出していた。思うに吾が家の王維の二幅の山水図はこの地を画いたものだ。秋涼が訪れたら、まさに弟の詩に従ってこそ訪ねるべきで、必ずしも図経を用いるまでもない。そこでその詩に次韵して考えを示した。（道岩・東際、白石二佳境也。予未之見。昌齢弟比嘗登覧作二詩以寄、模寫景物之奇。蓋吾家摩詰二幅山水圖也。秋涼一訪之、當按詩以游、不必假圖經矣。因次韵見意。）

そして、その詩の尾聯で、

好景不須摩詰畫
盡歸詩客句中含

好景　摩詰《まきつ》の画を須《ま》たず（素晴らしい風景は王維の絵画を待つまでもなく）
尽《ことごと》く詩客句中の含に帰す（全て詩人の作った句の中に含まれている）

と詠っています。つまり、旅游のガイドブックとしての「図経」よりも、王維の山水画よりも、弟の詩によってイメージされる未踏の地の風景の方が優れた表象力を持つ、というのです。勿論これは弟の詩の顕彰という意味もあるでしょうが、絵画より詩を重視する考えが見て取れます。

さて、「図経」といえば、王禹偁の詩の最後の聯にも登場しました。王詩に立ち戻って確かめてみましょう。

19圖經標八絶
瀔霍合相饒

図経　八絶を標《しる》す（図経には八つの景勝が記されている）
瀔《せん》・霍《かく》合に相《あ》ひ饒《ゆず》るべし（瀔水・霍山もその素晴らしさにかなわないであろう）

十九句の「八絶」は、王禹偁の詩「八絶詩八首并序」（小畜集・巻五）によれば「庶子泉・白龍泉・明月溪・清風亭・望日臺・歸雲洞・陽氷篆・垂藤蓋」の八カ所の景勝地・史跡のことで、序にその八首の詩を碑に刻んで開化寺（元は宝応寺）に立てたことが記されています。メディアという観点からすれば、このような、景勝地にその地を詠んだ詩文の碑を建てること自体、文字（テクスト＝表現するもの）と景観そのもの（表現されるもの）が重層化して享受されることになると同時に、その地が景勝地であるという認知を強化することになり、更に碑文テクストが訪れた人々によって各地に伝達され、またその情報（碑の存在と詩文）が「図経」にも掲載されれば、より多くの人々の目に触れることになります。

最後に「琅邪山」詩を振り返ってみましょう。作者の王禹偁の関心は、まず琅邪山の雄大さ、他に無い独特な自然風景自体にあると言えますが、その地の歴史性という文化的背景への関心、及び図経に記される程の景勝の地でありながら詩作が行われていないので自ら先鞭をつけるという詩人としての意識、詩と対をなす異なる表現様式「絵画」としても風景を定着させたいという欲求が見て取れます。

そもそも、「山」や「川」の概念は既に志向的に所有されています（山水そのものが立ち現れる仕組みは本論では触れません）。しかし、「この山」「この川」が人の表現欲求を誘うものとして立ち現れるには、鑑賞者の主観的な美的志向性が働いていて、その視線が「風景」を生むことになるのです。

以上の検討から、「図経」は士大夫にとって、ある場所・地域を知る為の手引きであり、景勝の地を巡る案内書として、そして場合によっては自ら詩の掲載を望む総合メディアだったと考えられます。しかし、一方では、絵画論の立場からは風景表現の在り方が批判もされています。次に、士大夫にとって実際の「風景」と「図経」及び「山水画」とはどのような関係として意識されていたのか、考えて見ましょう。

四　マクロ／ミクロの「風景」認識

実際の風景を絵画（画図）に見立てる表現が特に中唐以降みられることは既に論じられていますが、風景そのものを絵画として表現する例は宋代以降も散見されます。例えば北宋の蘇軾（一〇三六〜一一〇一）には「人は画屏中に在りて住し、客は名月の辺に依りて游ぶ（人在畫屏中住、客依明月邊游）。」（「憶江南寄純如（五首之三）」詩・蘇軾詩集・巻三六）の句、南宋の陸游（一一二五～一二〇九）には「舟は行く　十里画屏の上、身は在り　西山紅雨の中（舟行十里畫屏上、身在西山紅雨中）。」（「連日至梅僊塢及花涇觀桃花抵暮乃歸」詩・剣南詩稿・巻三六）の句があり、どちらも実景を「画屏」つまり絵の画かれた屏風と見立て、人や舟をその中の存在として表現しています。これは風景を「如画（画の如し）」とする（自分の外にあるものとして見る）認識を一歩進め、わが身を「絵画中の存在」と見方を転換させて表現したものと言えるでしょう。そして、風景を詠んだ詩に「図経」と「画屏」とが同時に登場する例も五代（宋初）から存在します。五代から宋初の王周の「湖口縣」（全唐詩・巻七六五）には、

柴桑分邑載圖經
屈曲山光展畫屏
最是蘆洲東北望
人家殘照隔煙汀

柴桑（陶潜旧居の地）の分邑　図経に載す
屈曲せる山光（山のけしき）　画屏に展《の》ぶ
最も是れ　蘆洲東北の望
人家の残照　煙汀を隔つ

とあり、「図経」に掲載された陶淵明の旧宅の地がある柴桑の地の曲がりくねった山々が「画屏」のように展開しているさまを詠っています（「画屏」を文字通り屏風ととることもできますが、ここでは実際の風景の比喩（見立て）として解釈しておきます）。また、先に取り上げた王禹偁の別の詩「送鞠評事宰蘭溪」（小畜集・巻七）にも両者が登場します。

東下蘭溪數十程
幾多山水入圖經
科名舊捷仙人桂
縣界遙看婺女星
琴院靜籠江樹綠
敕樓高對海峰青
三年吏隱無嗟嘆
百里封疆似畫屏

東のかた蘭渓《らんけい》を下ること　数十程
幾多の山水　図経に入る
科名　旧《もと》捷《な》る　仙人桂
県界　遥かに看る　婺女星《ぶじょせい》
琴院　静かに籠む　江樹の緑
敕楼　高く対す　海峰の青
三年の吏隠　嗟嘆すること無し
百里の封疆《ほうきょう》　画屏の似《ごと》し

まさに蘭渓は「図経」に多くの山水（景勝地）が掲載される地ですが、その百里にわたる地域（封疆）の景観が我を取り囲む絵画としての「画屏」のようだと見立てています。「図経」が文字と地図でその地を表現し、「画屏」が図像で表現するもの、と一対（で十全な記録）として捉えているようにも思われます。

そもそも「画屏」は部屋にいながら山水を味わうヴァーチャルな装置として設置される調度です。つまり、自身の身を置く小さな空間の周囲に山水画を配置することで広大な空間を想像的に創出させる工夫です。しかし、そのミクロをマクロに拡大する装置（画屏）の発想を、逆に自身を取り囲む広大な（百里）風景（マクロ）の方を画屏（ミクロ）に転換する―というより寧ろヴァーチャルな空間そのものの実態化としての「実景」という―ひねった発想を示していると言えます。

同様の転換は、北宋・梅堯臣（一〇〇二〜一〇六〇）の詩「和永叔琅琊山六詠（之五「石屏路」）」（宛陵先生集巻二六）にも見られます。

尋常畫屏多畫山　　尋常　画屏　山を画くこと多し
何意此山還作屏　　何ぞ意《おも》はん　此の山　還《かへ》って屏を作《な》すを
峭排直上幾千尺　　直上に峭《けは》しく排《なら》ぶこと　幾千尺
下有石路莓苔青　　下に石路有り　莓苔《ばいたい》青し

部屋では画屏の画山に囲まれて（想像的にその高大さを享受して）いるが、琅琊山の「石屏路」は文字通り幾千尺も聳える高さを伴った「石の屏風（石屏）」として自身を取り囲んでいる、というのです。屏風（画屏）が「空間を限定する仕切り」に山水を描くことで千里もの広大な空間を享受する（「咫尺千里」）ミクロをマクロ化する工夫であるのに対し、「石屏路」の方は「空間を限定する巨大な山塊」が屏風のように自身を取り囲んでいるという実景（マクロ）を一つの箱庭的世界（ミクロ）という仮想（の現実化）として見立てているのです。

実は、山水という広大な空間をミニチュア化して享受することは、五代・宋代士大夫の精神生活と密接に結びついてきた文化と言えます。机上には「研山」（山の形をした石。盆石）、「硯屏」（自然の景観に見える模様のある石などで作った小さな屏風）、部屋やベッド（床）を囲む空間には「画屏」（「韓熙載夜宴図」参照）、そして庭園には築山「仮山」、これらは全て山水風景を身近に再現するための装置と言えます。「仮山」が「絵

画」のように風景を表現するメディアであることは、楊萬里が「過鼓鳴林小雨」詩〔誠齋集・巻第一五〕で、

石峰斗起三千丈　　石峰　斗起する（たかくそびえる）こと三千丈
身在假山園裡行　　身は仮山園里（庭園の中）に在りて行く

とあり、先に見た「画屏」と同様、実際の山水中にある身を、山水庭園の内を行く姿に仮託していることからもわかります。

北宋の樓异（一〇八五〔元豊八年〕進士）は、嵩山を詠った詩「嵩山二十四詠」〔宋詩紀事・巻二九〕の「序」に於いて自らの山水癖について中唐の詩人白居易の「草堂記」に倣いつつ記述しています。以下にその概要を示してみましょう。

どの場所に仮住まいしても、石を集めて仮山を作り、小さな池を環らせ、寝食を忘れるほど鑑賞したこと。〔山水癖と庭園〕

嵩陽の長官になり、「清泉白石」（美しい風致）に身を置くようになると、訟えごとの無い暇な折には、廃れた庭を開拓し、芙蓉・菡萏の二つの池を穿ち、掘り出した土で高さ五丈の台を築き「揖山」と名付けたこと。〔庭園の造営〕

そこからの眺めは北は嵩山、西は少室峰、南は許由山を臨み、諸峰が欄干を取り巻いており、山川の有様が尽く見て取れるので、暇な折に「三十六峯賦」を作り広めたこと。〔詩文の制作〕

「嵩山二十四峰」のことを聞いたことがあったが、「図経」には見えず、地元の人も知らなかったが、〔図経の利用〕

ある日、観明大師の李得柔（字は勝之）が都から訪れ、やっとの峰の名が分かったので、画家に命じてその峰々の画を仰嵩堂に描かせ、その峰の名の証としたこと。〔山水画の制作〕

二十四峰の名を残すため、自身と李得柔とで「嵩山二十四詠」詩を作ったこと。〔詩の作成〕

以上から、士大夫の「山水」との関わりの多様性が見て取れます。樓昇は、庭園の造営、山を詠んだ「賦」の作成、「図経」にない峰の作「詩」及び「絵画」化を行っています。考えて見れば、現実の美しい風景が目の前に展開しているのに、そのミニチュアとしての「庭園」やそれを想起するものとしての「詩画」を同時に味わおうとするのは不思議に思われます。しかし、このような風景との関係性の在り方が、中国知識人の一つの特徴と言えるでしょう。

例えば、南宋の朱熹（一一三〇～一二〇〇）は、やはり美しい山水の地に好んで足を踏み入れ、その際屏風のように折り畳める八枚の板からなり、「山水凹凸の勢」を浮き彫りにした持ち運び可能な「華夷図」（中華と夷狄の地の地図＝世界地図）を作り、出かけるたびに携帯しようとしたことが記録されていますが〔鶴林玉露・丙編巻三「観山水」〕、この「華夷図」はおそらく山々の形態を俯瞰的に図示した「図経」の「図」に類するものだと思われます。つまり、実際の山とその似姿（ミニチュア）を同時に賞翫しようとする嗜好が認められるのです。

五　士大夫と表象芸術　―詩・画・仮山―

士大夫が風景をどのように見ていたのか、という問題について、これまでの検討を踏まえ考えて見ましょう。蘇軾が蘆《あし》を詠んだ詩「和子由記園中草木十一首（其五）」の最後の二聯に次のようにあります。

江湖不可到　　江湖　到る可からず
移植苦勤劬　　移植　苦だ勤劬す
安得雙野鴨　　安んぞ　双野鴨の
飛來成畫圖　　飛来して画図を成すを得ん

宮仕えで「江湖」（俗世から離れた自然の中）に行くことができないので、身近に蘆を苦労して移植し、「江湖」の味わいを出そうとしたが、それは自然の「似姿」（庭園）にすぎず、どうしてそこに二羽の野鴨が飛来して、美しい絵画を成立させてくれるだろうか、というほどの意味でしょうか。この詩で興味深いのは、自然の中に絵画をみようとしていることです。

通常、絵画というメディアは、そこに自然をイメージ（再構築）するものとされます。しかし、いったん「蘆のゆれる水面に浮かぶ二羽の野鴨」という絵画イメージが人々の意識に定着すると、自然の風景をメディア的視点（絵画）から逆に再構築する志向性が生じてしまうことになるのです。ここに鳥がいれば自然の風景「らしく」なる、というわけです（実景を見ているはずなのに！）。つまり、蘇軾の詩でいえば、「蘆を身近に移植する」というのは「仮山」（庭園）という、山水を自然物で構成する装置・メディアを導入することであり、「鴨の飛来」を絵画の成立とするのは、自然をメディア的視点から再構築するという転換を行っていて、そこに発想の面白みがあるのです。

これまで見てきた「図経」というメディアも同様です。人々は「図経」によってある場所を（見るべき）「風景」と認識し、又新たな「風景」を見出すとそれを「図経」に編入し、景勝の地を再生産するのです。この「図経」に「詩」、「絵画」、「庭園」を代入することも可能です。勿論、新たな「風景」を発見するのは詩人・画家・造園家です。そして、これらは相互に（インターラクティヴに）関係しあいながら、それぞれの表現を変容・進化させていくのです。それらが同時に「自然」とも相互性を有することは明らかです。詩・画・庭園文化の担い手である士大夫は、自身の作詩文能力及び歴史文化の教養を背景に、旅游の手引き「図経」を手掛かりに自然・歴史を含む風景を享受しつつ、自ら「風景」の発見を試み、詩文・「図経」に定着させるクリエイターとして役割を果たしてきました。そして、文字メディアでの表現「詩文」は、図像メディア「絵画」とも双方向的に影響し合い、多様な「風景」の楽しみ方を模索してきたのです。

おわりに

詩は山水を表象し、画も山水を表象する、表象能力（再現性）を備える点では同一性がありますが、形式（言語／イメージ）の点では異なります。詩表現のメディアである言語が概念操作能力、つまり視覚イメージ等の他の感覚に簡単に翻訳可能であるのに加え、明確な意味（思惟性）を表現できるという特徴を有するのに対し、絵画のメディアである視覚画像は、直観的な記号性（空間的構築性）を持ちます。また、言語はそもそも志向性に規定された概念（既に意味を持つもの）を扱うので世界を主体的に切り取り・選択したものとしてしか表出しません。イメージ（視覚）も志向性によって認識されたものを基本的に対象にしますが、まず直観的に全体を把握する—分節されたものだけでなく分節されずわけのわからぬ部分として存在するのも含め—ので、絵画として定着させる作業に於いてより恣意的（何を選択し、どこに配置するのか）、つまり構築的にならざるを得ないことになります。言葉で表現されたものを読んでも、書かれていないことに対して欠落と感じることはそれほど多くない（自動的に補完してしまう）のに対して、画像として表現されたものは、描かれていないものに対して直観的に「何か足りない」と即座に気づくことが多いと言えるのではないでしょうか。

二章で検討した「写（す）」と「画（く）」に関しては、表現するに足る風景（対象）を（人の心という変換装置を経た後の）イメージ化、ヴィジュアル化するに際して、写実的な描写（「写（真）」）は（直観そのままの「定着」であり）却って表現しようとするある統一的な認識を再現前するには適さず、むしろ視覚的情報をどのように心に於いて把捉したか（美的志向性の向かう先に現れた形象）、つまり当初の（山水の）視覚情報がどのように主体の心的状況に於いて変容したか、という作用の在り方の再現前（「画（く）」）に、より力点を置くことになります。視覚情報を主観的認識という心の様態を通じて変換、その変換を絵画的な視覚イメージとして再構築し、またそれを美的なものとして読み解く（コード化し／デコードする）概念装置（手法・技法）が、例えば「気韻」と呼ばれるものと言えるかもしれません。すなわち、画家は何らかの具体的手法（筆墨の工夫）により視覚表象に「気韻」を表現するべく技巧を凝らし（コード化）、また鑑賞者にはその視覚表象

（絵画）に必ずしも明示的ではない「気韻」を読み解く（デコードする）感性（「気韻」の有無や様態を主体的に判断する能力）を修得すること―生来の感性に加え、社会・文化的な判断力を獲得すること―が求められるのです。これは「気韻」を了解可能にするような文化が画家（表現者）と鑑賞者との間に双方向的に形成され、反復強化（場合によっては変容）される過程（の全体）として捉えられるでしょう。

○文献案内

・浅見洋二『中国の詩学認識』（創文社、二〇〇八年）

中国における詩と絵画との関係を考える上で重要な見方が示されているだけでなく、関連する詩文の資料集成としても参考になります。

・戸崎哲彦「唐代における山水文学の展開―〝嶺南地域〟文学研究の提言―」（『彦根論叢』第三二二号、滋賀大学、二〇〇一年一二月）他

著者には『柳宗元永州山水游記考』（中文出版社、一九九六年）という大著もあり、地域と山水の関係を検討するに際し参考になりますが、ここに挙げた論文では、山水景観を題材とする文学は官僚の左遷と関係がある、また地方志の編纂が自然景観に目を向けさせる契機となった、など、有益な指摘がなされています。

・**須江隆「『呉郡圖經續記』の編纂と資料性—宋代の地方志に關する一考察—」**（『東方學』第百十六号、東方學會、二〇〇八年七月）

拙論では、「地方志」（図経）そのものについてはほとんど触れていないので、この論文を始め須江氏の「地方志」関連の論文がその役割を果たしてくれます（注には先行研究に関する情報も含まれます）。

・**ピーター・ボル「地域史の勃興」**（『中国学のパースペクティブ　科挙・出版史・ジェンダー』勉誠出版・二〇一〇）

この論文は、地方志の基礎を教授してくれます。

杭州・西湖への旅のかたち

――明代の日記を中心に――

◆文学部　中国文学科　植松　宏之
Hiroyuki Uematsu

一、はじめに――明代の杭州をおとずれた日本人

杭州は街と隣り合う湖の西湖とともに、風光明媚な観光都市として知られています。杭州と西湖の名声は中国だけでなく、遠く日本へも古くから伝えられてきました[1]。たとえば室町時代、中国の明朝との間に貿易が行われ日本からの船が中国との間を行き来しました。日本からの使者は寧波という港に到着し、そこから都の北京を目指します。その道中、杭州は必ず通過する都市の一つでした。その中のある日本からの使者が西湖についての詩を詠んだという話が、明代に杭州で編纂されたガイドブック『西湖遊覧志餘[2]』に収録されています。

正徳年間、日本国の使者に西湖を訪れた際に詩を作った者がいた。

昔年曾見此湖図
不信人間有此湖
今日打従湖上過
画工還欠着工夫

昔年《せきねん》　曾《かつ》て此《こ》の湖《みずうみ》の図《ず》を見《み》るも
人間《じんかん》に此《こ》の湖《みずうみ》 有《あ》るを信《しん》ぜず
今日《こんにち》　湖上《こじょう》打従《よ》り過《す》ぐるに
画工《がこう》は還《かえ》って欠《か》く工夫《くふう》を着《ちゃく》するを

　むかし西湖を描いた絵を見たことがあるが、この世の中にこんな素晴らしい湖があるとは信じられなかった。いま実際にこの湖を通り過ぎてみると、画家はまだまだ技量が足りていなかったということが分かった。

　（この詩は）詩語におかしい所はあるが、西湖に憧れる気持ちというのは、ずっと以前から国外にまで伝わっているのだ。（『西湖遊覧志餘』巻二十）[3]

宝石山より西湖を望む。

　この詩は日本からの使者がかつて日本で見た美しい西湖の絵よりも、本物の西湖はもっと素晴らしかったという内容です。この一節の文章は著者である中国人の視点から、西湖の名が日本のような外国にまで広く伝わっているということを誇っているのです。このように、杭州へは西湖の景観を耳にした文人墨客が内外から多く訪れ、その美しさを詩や文によって表現してきました。ただ文学作品が数多く残る一方で、旅の拠点となったはずの都市の様子であるとか、人々がどのような交通手段を用い、どこに宿泊したのかといった旅の具体的な内容についての記述は少なく、よく知られていません。

そうした明代の都市・杭州の具体的な姿や旅の様相を知るための手がかりの一つとして、当時書かれた旅の日記などを挙げることが出来ます。中国の旅人の書いた日記以外にも、日本人の使節の書いた日記などが残っています。本論ではこの「西湖」詩に見られるように日本人も訪れたことのある明代を中心に、杭州の旅の諸相を概観していきたいと思います。

二、都市・杭州の発展と観光地化

（一）「詩跡」——観光都市としての杭州

はじめにこれから扱う杭州について簡単に説明します。浙江省の省都である杭州は杭嘉湖平野の南端に位置し、都市の東南を杭州湾へと通じる銭塘江が流れています。また、市街のすぐ西側にある湖を西湖といい都市の生活と密接不可分な関係にあります。隋代に都との間を結ぶ大運河の終着点となり、銭塘江を挟んで寧波へと至る浙東運河と連絡する交通の要衝として繁栄しはじめ、五代十国の呉越国及び南宋の時代には首都となりました。明清時代も絹織物、茶の生産などで発展し、蘇州と並んで江南を代表する大都市でした。清末以降上海の隆盛によって相対的に地位が低下しましたが、現在でも産業・観光の面から有力な都市の一つとなっています。二〇一一年には「杭州西湖文化景観」がユネスコの世界遺産に登録されました。

杭州は隋代に造られた大運河の終着点となって以降、交通の要衝として多くの人々が行き来し、この地域の都市の中心として栄えてきたのです。杭州を訪れた役人や文人たちは都市のすぐ西側に位置する美しい湖、西湖の景観を愛してきました。そうして西湖や周囲の山々、またそこに点在する寺廟をたずねては詩を詠んだり、文章を書き記したりしてきたのです。なかでも、杭州や西湖と関わりの深い大詩人として唐の白居易（白楽天）と北宋の蘇軾（蘇東坡）の二人を欠かすことは出来ません。

杭州の刺史（長官）を勤め行政官として西湖の整備にも尽力した白居易は、杭州や西湖の秀麗な風景を詠み込んだ文学作品を多く作りました。たとえば、杭州のことを懐かしんで歌った詞（韻文の一種）に次のようなものがあります。

憶江南
江南憶
最憶是杭州
山寺月中尋桂子
郡亭枕上看潮頭
何日更重遊

江南《こうなん》を憶《おも》う　白居易
江南《こうなん》を憶《おも》う
最《もっと》も憶《おも》うは是《こ》れ杭州《こうしゅう》
山寺《さんじ》　月中《げっちゅう》に桂子《けいし》を尋《たず》ね
郡亭《ぐんてい》　枕上《ちんじょう》に潮頭《ちょうとう》を看《み》る
何《いず》れの日《ひ》にか更《さら》に重《かさ》ねて遊《あそ》ばん

江南を思う、最も思うのは杭州、山中の寺で月の夜に桂（モクセイ）の実を拾い、役所のあずまやでは横になりながら銭塘江の逆流を見た。いつの日にか又遊びに行きたいものだ。

また北宋の蘇軾も役人として二度杭州に赴任した西湖と関わりの深い人物です。大きな事業として浚渫した湖中の土を利用することで西湖を南北につなぐ堤を作り、その上に柳を植えました。また、堤には六つの橋を渡すことで船に乗って東西を行き来できるようにしました。この堤は蘇堤と言われています。蘇軾もまた西湖のために多くの詩を作りました。中でも有名なのは次の作品でしょう。

飲湖上初晴後雨　二首　其二
水光瀲灔晴方好
山色空濛雨亦奇
欲把西湖比西子
淡粧濃抹總相宜

湖上《こじょう》に飲《の》み　初《はじ》め晴《は》れ後《のち》は雨《あめ》ふる　二首　其の二　　蘇軾
水光《すいこう》　瀲灔《れんえん》として　晴《は》れて方《まさ》に好《よ》し
山色《さんしょく》　空濛《くうもう》として　雨《あめ》も亦《ま》た奇《き》なり
西湖《せいこ》を把《と》りて西子《せいし》に比《ひ》せんと欲《ほっ》せば
淡粧《たんしょう》　濃抹《のうまつ》　総《す》べて相《あ》い宜《よろ》し

水の光はきらきらと輝き晴れてこそ素晴らしい。山の色あいに靄がかかる雨の時もまた独特である。もし西湖を西施（春秋時代、越の国の美女）と比べてみるならば、薄化粧も厚化粧もどれもよく似合っている。

このような名詩が多く作られ、その詩を人々が愛唱していくことによって西湖のイメージは形作られ、広まっていきました。このように詩と関わりの深い名勝のことを「詩跡」と呼びます。(4) 詩跡は和歌に詠み込まれる名所旧跡を表す「歌枕」と同じような効果をもっています。また、詩跡は西湖や終南山（長安の南にある）といった自然の景観のほか、唐詩にたびたび登場する黄鶴楼や白帝城（いずれも長江沿いに位置する）といった建築物も含まれます。

詩跡となることによって、実際にその場所を訪れたことのない遠く離れた地域の人々や、唐代宋代から遠く時代を隔てた現代の我々に到るまで、杭州や西湖について共通のイメージを持つことが出来るのです。また美しい景観はあちこちにありますが、辺鄙なところにあって人が行きにくいところは詩に詠まれる機会が少なく、詩跡になることも少ないです。都市としても繁栄し、美しい景観にも恵まれた杭州は多くの詩跡を生み出す条件を備えていたのです。

杭州が都となっていた南宋の終わり頃（十三世紀）には、「西湖十景」と呼ばれる、特に見る価値のある十の観光スポットが選ばれるようになりました。西湖十景はたとえば「断橋残雪」（断橋の雪）・「雷峰夕照」（雷峰塔の夕日）のように、著名な名所と季節・時間の組み合わせからなっていて、一年を通して名所を楽しむことの出来る仕組みになっています。人々は船や徒歩で西湖十景をめぐりながら詩を詠んだり絵に描いたりしてきたのです。現在も西湖十景は絶好の撮影スポットとして観光客でにぎわっています。杭州はあまり雪の降らない都市ですが、まれに雪が降ると「断橋残雪」の名場面を写真に収めようと多くの人が断橋におしかけます。

（二）「南船北馬」――杭州への旅

広大な中国を旅する時に歩いてばかりでは大変な時間が掛かってしまいます。中国には昔から「南船北馬」という言葉があり南方では船が、北方では馬や驢馬などの家畜が重要な移動手段となっていました。長江下流南方の江南と呼ばれる地域は水の豊富な土地柄で、一大穀倉地帯でもあります。江南地域は河川や湖あるいは運河などによって、水路が網の目のように張り巡らされ、都市と都市の間を結んでいました。従って船での移動が便利であるし、また必要な手段でもありました。

水上交通網が発達していれば一度に多くの人や物を運ぶことができる船での移動は、徒歩や馬による移動

運河（京杭運河）と拱宸橋。

に比べて大いに優位性を発揮します。船であれば乗客の疲労は少なく、体力のない女性やお年寄りでも楽に長距離を移動することが出来るのです。船の中では人と話をしたり、本を読んだりして過ごすことができるし、眠っていても目的地までたどり着きます。たとえば、杭州と並ぶ大都市の蘇州から杭州までの約百六十キロは三泊程度、嘉興という都市から杭州までの約九十キロは道中に一泊する程度で到着しました。乗客は各地にある船着き場や水路沿いに停泊している乗り合い船を利用し、時には船を貸し切る場合もありました。船を雇うことを「買船」といいます。

乗合船は普通昼に出航し、夜は停泊します。治安のいい地域では「夜航船」といって夜間も運航する船がありました。時間の節約にもなり、より多くの人や貨物が行き来することにもなります。杭州も夜航船の運航する地域に含まれます。水路によって効率的に結ばれることで、江南に点在する都市群は発展を遂げて行きました。また、経済の発展に従って交通路もますます整備されていきます。

明代の後半になると経済の発展と交通路の整備という条件が整うことによって、観光を目的として旅をする人が増えていきました。旅先の有力な選択肢に杭州も入ることになります。しかしながら杭州をはじめて訪れる旅行者にとって、西湖一帯の詩跡すべてを把握するのはほとんど不可能なことと言ってよいでしょう。そこで西湖についての記録をまとめた書籍が求められるようになります。それが「はじめに」でも引用した、田汝成による『西湖遊覧志』[5]および『西湖遊覧志餘』です。

（三）「西湖遊覧志」――西湖のガイドブック

各地方の事柄についてまとめた本に「地方志」（方志ともいう）があります。杭州についても南宋以降に編纂されたものが残っています。地方志は各地の沿革、地理、歴史、風俗、物産、伝記、伝説などをまとめた総合的な文献であり、西湖についての記述も全体の中の一部分になります。

総合的な地誌ではなく、西湖の情報に特化して書かれた『西湖遊覧志』二十四巻は嘉靖二十六年（一五四七）に刊行されました。作者は田汝成、字は叔禾といい、杭州の人で、嘉靖五年（一五二六）に進士となりました。この本は西湖とその周辺の名勝旧跡についての歴史や地理情報がまとめられています。田汝成は序文の中で次のように述べます。

> 世間の人たちはよく蓬莱三島の素晴らしさについて語ったりするが、蓬莱島の話は曖昧で定かではなく、行くことなどできない。それより西湖の深い青と淡い碧の湖面が、城郭のすぐ側に隣り合ってあり、陸路を歩いても湖の上に浮かんでもどちらでも観光し尽くせることの方がずっと良いではないか。……（西湖の景観は）中国のなかでも最高といえるほどであり、名声は国外にまで伝わっている。それなのに、国内の名勝にはいずれも地誌があるのに、ひとり西湖だけにはない。（西湖についてのあるべき）典籍だけが欠けていてよいだろうか？（「西湖遊覧志叙」[6]）

蓬莱三島とは東方の海上にあり、豪華な宮殿に仙人が住んでいるという伝説上の島です。田汝成は蓬莱島と西湖を比較し、本当にあるのかも分からない蓬莱島の話をするよりも、実際に観光することが出来る上に蓬莱島にも匹敵する美しい西湖の方が良いと指摘します。また先に挙げた日本人の西湖詩を踏まえてか、外国にまで名声が伝わっていることを誇っています。それなのに、西湖そのものを中心とする地誌がまだないことに不満を表し、執筆の動機としているのです。

内容はおおよそ次のようになっています。①西湖についての総説 ②西湖遊覧の中心となる島「孤山」に関する記述。③湖の周囲を南北に分けた南側、「南山」についての紹介。④湖の北側、「北山」についての紹介。⑤湖の東に位置する杭州城内も南北に分けて紹介 ⑥杭州城の南を流れる大河「浙江（銭塘江）」に関する紹介。

この区分の仕方は基本的に現代の観光ガイドブックにも踏襲されています。また、『西湖遊覧志餘』の方は歴史上の逸話や伝説、物産や風俗についてまとめられています。

『西湖遊覧志』を手に取って見ていくと、たとえば巻三「南山勝蹟」では杭州の南西にある涌金門や清波門を出発点として、城外へと向かうルートが紹介されています。中国の都市の多くはかつて城壁によって周囲を囲まれており、いくつかの城門だけが内と外とを結ぶ出入り口となっていました。城門を起点とするのは案内のしかたとして確実な方法だといえそうです。なお、日本の「お城」の言い方とは異なり、城壁や城壁に囲まれた都市のことを「城」といい、城壁の外なら「城外」となります。

清波門は流福水橋を過ぎると湖畔に学士橋がある。そこから曲がって南にいくと茶坊嶺となる。また西南に行き長橋を過ぎると南屏山、浄慈禅寺、万工池となる。浄慈寺の後は蓮花洞、居然亭である。浄慈寺の前は雷峰塔、藕花居、倪尚書の墓となる。……。（巻三「南山勝蹟」[7]）

それぞれの名所旧跡は行路順に書かれています。現地を訪れた人々は、実際にここに書かれている名所を順番にたどることができたのです。また、ここで挙がっている寺院や橋、有名人の墓所などについても、一つ一つ紹介があります。「雷峰塔」については次の通りです。

雷峰は南屏山の支脈である。……呉越（五代十国時代の国名）の王妃がここに塔を建てた。始めはおおよそ千尺十三層とする予定だったが、予算が足りなかったためまずは七層とすることにした。後にまた風水家の進言により五層にとどめることになった。俗に王妃塔という。……湖の中にいた白蛇と青魚の二人の妖怪が塔の下に封じられているという伝説がある。（巻三「南山勝蹟」[8]）

この塔は西湖十景に選ばれた「雷峰夕照」[9]の雷峰塔です。また、ここでは杭州を舞台とした著名な民間伝承「白蛇伝」についても触れられています。「白蛇伝」は美しい女性に化けた白蛇の精・白娘子と杭州に住む青年・許宣が雨の降る西湖のほとりで出会い、恋に落ちるという物語です。日本初の長編カラーアニメの題材に選ばれ、後の作品に大きな影響をあたえたことでも知られています。

「雷峰夕照」図

三、日記を通してみる旅のかたち

中国文学史において旅先での名勝について記録した紀行文、「遊記」はおおよそ南北朝時代にはじまりますが、多くは散佚していて詳しく知ることはできません。その後、唐代中期の柳宗元による「永州八記」によって、紀行文学の形は確立します。杭州や西湖を主題とした紀行文で古いものには、北宋・秦観の「龍井題名記」や、銭塘江の逆流について記した南宋・周密の「観潮」などがあります。明代では袁宏道『西湖記述』や張岱『西湖夢尋』が代表的なものとして挙げられます(10)。

南宋に入ると紀行文学の新たな発展の形として范成大『呉船録』や陸游『入蜀記』など日記形式によるものが現れます。日記体の紀行文は作者がその時にその場にいて、実際に見たり聞いたりした事柄を記録するという文体を採ります。詩やこれまでの紀行文は景勝地について美しく巧みに表現することに主眼が置かれます。それに対し日記体の紀行文では作者がいつどこで何をしたのか、ということが具体的に書かれます。旅や旅行者について他の文体では知り得ない情報を知ることが出来るのです。

杭州について書かれた日記形式の紀行文について見ていくと、元の郭畀の『客杭日記』が同時代には他にない作品として貴重です。日本でも江戸時代に出版されました。その後、特に明代後期に日記体の紀行文が次々と書かれはじめます。年代の早い作品としては、王立道『遊明聖湖日記』［嘉靖二十年（一五四一）］や王穉登『客越志』［嘉靖四十五年（一五六六）］などがあり、それぞれ比較することができるようになってきます。

注目すべきは、これら明代の紀行文の作者が最初から個人的な目的のために旅をしていることです。そもそも中国の士人層は科挙試験や任地への赴任のためにあちこち移動しなければならず、旅と密接な関わりがあります。南宋の『呉船録』や『入蜀記』は公務による旅の途上で書かれた作品です。それに対し明代後期には旅行気運の高まりに従って、公務と関わりのない士人層も名所旧跡をたずねるような旅を比較的自由に行うようになってきました。

(一) 典型的な西湖観光

ここでは、『客越志略』[11]に従って旅の様子を見ていきたいと思います。『客越志略』は嘉靖四十五年（一五六六）五月十二日から六月十五日までの記録で、文人の王穉登が住まいのある蘇州を出発し杭州をめぐる記録です。冒頭部分ではじめて杭州へ向けて旅すること、そのための準備をはじめたことを次のように記します。

年は丙寅（一五六六年）の五月……十二日壬寅。（杭州への）旅の準備をした。私は南へ行くための道順を知らなかったので、書店で地理書を買い求め荷物の中にしまった。また、友人の管建初に共に行くよう求めた。建初はかつて禹穴（紹興にある禹の墳墓で、著名な名勝）を探索したことがあり、私に両浙（浙江省）の山川の有様を語ってくれたが、手のひらを指さすように明確だった。そこで彼を連れて行くこととした。[12]

杭州へ行く準備のために買った「地理書」は原文に「図経」とあり、北宋の『呉郡図経続記』のような元来、図と文を兼備した地方志が思い浮かびます。ただ具体的な書名は分かりません。『西湖遊覧志』は嘉靖二十六年の刊行なので、候補の一つとすることは出来るでしょう。日記中、杭州で「図経」の記述を活用する場面もみられます。

また王穉登は「図経」だけでは不安であったのか、旅行経験のある友人に同行を求めます。このように単独ではなく、家族や友人など旅程の経験や情報を有している人物と連れだって行くことは珍しくありません。多少旅をしやすくなったとは言っても、多くの人にとっては非日常の出来事であることに変わり有りません。出発前には仲間から旅立ちをお祝いする詩も送られています。

十七日に杭州城内に入ると八字橋という場所に宿をとり、杭州にいる親類を訪ねようとしますがこの日は会えませんでした。翌十八日から西湖の散策がはじまります。はじめ昨日会えなかった親類の所に行きます。そこで昼食を誘われますが、「西湖がずっと待っているので」と断って出発します。彼らのこの日のルートは主に西湖の北を回る次のようなものです。

銭塘門から出発する。……溜水橋を過ぎて、昭慶律寺で休憩した。……寺をあとにして西湖に向かう……大仏禅寺に入る、寺は宝石山にある。山頂の保俶塔は上らなかった。北に行くこと二里、葛嶺のふもとは岳武穆王祠廟となる。……四賢祠を参詣する。……山の北側は処士墓がある。……北は放鶴亭となっている。断橋を通り過ぎて元来た道から城に帰った。(13)

城の西北にある銭塘門を出ると西湖の北側にある岳飛廟(岳武穆王祠廟)や西湖に浮かぶ島、孤山の林和靖の墓（処士墓）などを巡って宿屋に帰っています。この一帯は現代でも西湖観光の中心となる場所で、『西湖遊覧志』でも孤山は最初に紹介されているルートです。つまり彼らは西湖観光の一日目に定番のコースを歩いているのです。

十九日もはじめ知人の李という家を訪ねると、そこで西湖の南側にある浄慈寺の僧と出会います。僧から寺の近くの藕花居の美しさを聞いたことをきっかけに、そちらの方を散策することになります。

涌金門を出て西へ向かい清波門の外を通り過ぎた、……西湖の向こう側の昨日遊んだ方を望んだが、寒々とした雲霧によって夢境のようにはっきりしなかった。まず浄慈寺は通り過ぎて小道には入らず、藕花居のほうに入った。小路はいずれも士大夫の家があった。……李君の所にいた僧が出迎えてきて私に『あなたもう出かけてきたのですね』と問いかけた。……浄慈寺に行った。……湖面は薄暗く雨が降りそうだったので、探索はやめて宿に帰った。(14)

この日は城の西にある涌金門を出て南に向かいます。浄慈寺は、『西湖遊覧志』の紹介で例に挙げた雷峰塔の向かい側にある有名な寺院で、こちらも西湖観光の主要なルートになります。王穉登は知人の家で偶然一人の僧と出会ったことで、西湖の南北の主な観光スポットを回ることができました。王穉登はその後も杭州の様々な観光地を巡り、杭州にいる親類知人とも交流を重ねていきます。名勝地で詩を詠むなどして旅を満喫し、六月十五日に家に帰る所で日記は終わります。

（二）骨董収集の旅

次に李日華の『味水軒日記』[15]の中から杭州への旅の様子を見ていきます。李日華は字を君実といい、号は竹懶。杭州の北にある都市、嘉興の人で、万暦二十年（一五九二）に進士（難関である科挙の合格者、進士となることは非常な名誉だった）となりました。詩文や書画にも巧みな李日華は家に多くの蔵書があり、書画骨董の収集を非常に好みました。『味水軒日記』は万暦三十七年（一六〇九）から万暦四十四年（一六一六）までの日々を記した作品です。この日記自体は紀行文ではなく、官僚としての役所づとめを辞め故郷の嘉興に帰った後の優雅な生活を記したものです。当時一流の文化人として有名な人物の暮らしぶりを垣間見ることができます。日記の中では美術品の多く集まる都市のほか、山や川など様々な場所を訪れた時のことが綴られています。

中でも杭州への旅は彼の目的とも合致したようで、日記の中で十五回も訪れており、蘇州など他の場所への旅行の数を大きく上回っています。ここでは李日華の優雅で多彩な旅の中から、骨董の収集と関わる箇所を中心に見ていきたいと思います。日記の中にあらわれる最初の旅では、李日華の住んでいる嘉興から杭州まで次のようなルートを通って二日で到着します。

（万暦三十七年四月）二十六日、杭州行きの準備をする。夜は北麗橋に停泊した。……二十七日、夜は崇徳に停泊した、雨が強く降る。……二十八日、小舟に乗り換えて松毛場（北の玄関口となる船着き場。松木場とも書く）まで来る。……（昭慶寺の）雲山僧房に到着する。（巻一[16]）

日記に書かれている文章をそのまま受け取る限りでは、李日華の旅はいつも唐突にはじまります。実際には前日から旅の準備をしていたとしても、大変に旅慣れていた様子がうかがえます。また、日記中の十五回の杭州旅行のうち、李日華は昭慶寺に十二回、浄慈寺に二回、松木場に一回宿泊しています。

寺院は昔から宿泊施設としての機能も有していました。昭慶寺は杭州城外、西湖のすぐ北側に位置し交通の便が良いこともあり、多くの士人の宿泊する高級な旅館のような役割を果たしていたと考えられます。なお、城内にある宿屋はあまり環境が良くなかったようで、李日華のような上層の士人はほとんど利用していません。ただし李日華が昭慶寺を主要な宿泊先に選んだ理由は、交通の便や環境のよさだけではありません。

（万暦四十年七月）二十九日、夜雨が降った。さきに督理織造であった宦官の孫隆が昭慶寺の両側の回廊に店舗を百余り設置した。……また四方から商人も集まってきて、珍しい骨董品を並べて売るようになり、これを「擺攤」（露店・屋台）といった。私はいつもご飯を食べ終わると、あちこち見て回り見飽きたら部屋へと帰ることにしていた。（巻四）(17)

昭慶寺は人の集まりやすい条件をそなえた所に立地し、境内は露店が立ち並ぶ雑貨市として賑わっていました。書籍や絵画なども売っていたので、骨董品の収集に心血を注ぐ李日華にとってはまさに打ってつけの宿泊先だったのです。

（万暦四十八月）六日。非常に暑い。……回廊の店で唐伯虎の『叢竹』を見つけた。」（巻四）(18)

（万暦四十二年四月）七日、雨。午後すこし休んだ。寺の回廊を歩きお店をのぞいて、郭熙の『扶桑暁日図』一巻を買った。（巻六）[19]

『味水軒日記』では書画骨董の購入や鑑定に関する記述が多くを占めていますが、このように昭慶寺の露店で実際に書画を買ったということも書かれています。また李日華は昭慶寺の雑貨市だけでなく、項という老人の開いている小さな骨董屋をよく訪れています。

（万暦四十年二月）二十三日、晴れ。蘇堤の六橋に来て項老人の骨董店に入る。項さんはボサボサの髪に垢だらけの顔で、風貌はいつものようだった。すぐにホコリの中から書画を取り出して私にみせてくれた。（巻四）[20]

（万暦四十年八月）十一日。ご飯が終わってから、息子と歩いて保俶塔に行った。……また歩いて六橋まで来て項老人の店まで来た。彼に雪藕（レンコン。西湖の名産）をあげて食べさせた。項さんは喜んで巻軸を出してきて私たちと観賞した。（巻四）[21]

岳飛廟の近くにある項老人の骨董屋は開いてから十年あまりで、一人で営業しているようです。小さな店の前に雑多な物を並べ店のなかも至る所物だらけだといいます。李日華は日記が書かれる前から項老人の骨董屋に通っていたことが読み取れますが、何か掘り出し物を探すためだけに来ているのではないのでしょう。短い文章ながらもここでの項老人とのやり取りや、原文の「項老」「老児」といった呼称表現から、項老人の人柄に愛すべきものがあってこの店に通っていることを感じさせます。

（万暦四十一年十一月）二十二日……輿を探し求め六橋まで来た。骨董を売っていた項さんはすでに亡くなったとのことだった。そのために長いこと気落ちした。（巻五）[22]

項老人は次に李日華が店をたずねた時には亡くなっており、李日華は大変に気落ちしてしまいました。二人の身分や境遇は大きく異なりますが、骨董を愛する者同士の連帯感のようなものが感じられます。

(三) 庶民の巡礼の旅

ここまで二人の人物の記した日記を見てきましたが、杭州へと旅をするのは日記が書けるような教養のある士人だけではありません。明代後期には交通の発達であるとか人々に経済的なゆとりができたことなどを背景として、農民が遠方の名山・名刹にお参りに行くという風習が生まれました。お参りの目的地は北方では山東省の泰山や山西省の五台山が、南方では浙江省の普陀山（舟山群島）、三天竺（杭州）などが有名です。普陀山は観音信仰の聖地として知られている場所ですが、遠い海の上にあるため容易にたどり着くことは出来ません。それに対して杭州は内陸の運河をすすむ船に乗ってしまえば安全に行くことが出来ます。実際に行くことの出来る聖地として善男善女に人気があったのです。

杭州へは毎年春から夏にかけて、江南一帯を中心とした遠方から巡礼のために多くの農民たちが訪れました。巡礼の旅には男性だけでなく女性も多く参加し、霊隠寺や三天竺などの西湖の周囲にある寺院や道観（道教のお寺）を目指しました。このお参りの旅のことを「進香」といいます。[23] また、彼らを目当てとして「香市」という市が各地で立てられ、大変な賑わいだったといいます。農民たちの旅は彼ら自身の書く日記という形では残りませんが、進香と香市の様子についてはたとえば張岱の『陶庵夢憶』に生き生きと描かれています。ここでは岩波文庫にある松枝茂夫訳を引用します。[24]

西湖の香市は花朝（二月十二日）に始まり、端午（五月五日）に終わる。山東から普陀山に進香するものが毎日やってくるし、嘉興や湖州から天竺に進香する者が毎日やってくる。くれば西湖の人々とともに市を立てる。それで「香市」というのである。

しかし進香する人は三天竺に市を立て、岳王墳に市を立て、湖心亭に市を立て、陸宣公祠に市を立て、どこにもここにも市を立てないところはないが、特に昭慶寺に集中している。昭慶寺の二つの廊下には、だから一日として市の立たぬ日はなく、三代（夏・殷・周）・八朝（漢・魏・六朝）の骨董、南蛮・北狄・東夷・西戎の珍奇なる品はことごとくここに集まっている。……鼎や彝器の古代めいて怪しい光沢も、その泥人形や竹馬の売れ行きのよいのにはおよばない。宋元の名画も、その西湖の景色や寺塔の絵の高い値で売れるのにはおよばない。（巻七「西湖の香市」）

張岱は明末から清初の人で西湖を愛した文人の一人です。『西湖夢尋』の著者でもあります。先にあげた『味水軒日記』でも紹介した、昭慶寺で開かれている市の盛んな様が、ここでは進香に来た人を主役とする形で書かれています。李日華のような士人が好んで買い求めた古代の骨董よりも、お参りに来る庶民に売るために作られた泥人形や絵（簡素な版画の類いか）の方が売れ行きがよいというのは興味深い指摘です。

聖地や寺院などをめぐって参拝する巡礼の旅は、古くから中国のみならず世界各地で見られます。日本でも江戸時代にお伊勢参りや大山参りといった、寺や神社などをめぐる旅が庶民の間で流行したことはよく知られています。杭州への進香もお伊勢参りなどのように、現世的な御利益を求めた信仰と物見遊山が一体となった庶民の旅だったのです。

(四) 日本人の目からみた杭州

続いて、杭州を訪れた日本人の日記体の紀行文、策彦周良の入明記を見ていきます(25)。策彦周良（一五〇一～一五七九）は室町時代後期の僧で、大内義隆に要請されて遣明船の使節として明に二度渡りました。また策彦周良は碩学の僧として、戦国大名の武田信玄や織田信長にも信任されました。明に渡ったときにつけた日記、『初度集』『再渡集』が残っており、明との外交上のやりとりのほか、交通や文化についても中国人とは違った視点で書かれていて大変に貴重な作品です。

室町時代に明との間で行われた勘合貿易では、日本から出航した遣明船はまず浙江省の寧波に到着しました。寧波は遣唐使船も上陸先として目指した古くからの港町です。使節団はここから運河をたどって皇帝のいる北京まで旅をすることになります。運河の結節点にあたる杭州は日本の使節が必ず通過する都市の一つでした。

嘉靖十八年（一五三九）十月二十八日に策彦周良ら使節団は銭塘江を渡って杭州府に到着します。一行は

鼓楼（明代の鎮海楼）。建物は近年復元されたもの。

有名な杭州での観光を楽しみにしていたはずです。ところが翌二十九日、杭州へは入城せずそのまま北上するようにとの命令が、杭州の役所から発せられます。

これは前回遣明船がやってきた時の寧波の乱という事件が影響しています。応仁の乱ののち室町幕府の力は弱まり、莫大な富をもたらす貿易の主導権を巡って大内氏と細川氏が争っていました。その争いの中、嘉靖二年（一五二三）大内氏と細川氏の船団は寧波で武力衝突をおこし、明の軍隊や周辺の村落までが大きな被害を受けたのです。この事件のあとも明は日本の使節を受け入れます（つまり今回の遣明使節）。ただ警戒の目は厳しく、大都市である杭州への入城を許さなかったのです。翌日の十一月一日、日本側は入城を求める手紙を送って嘆願します。

わたくし達は、自分の国にいた時、杭州・西湖のどこにもない美しさについて耳にしていました。ほんの片時の時間もいつも杭州のことを考えていました。わたくし達を以前の規定に従って杭州府に入らせて下さい。もし許諾を頂けないと、日本の我々は大変に失望してしまいます[26]。

ここからも西湖の景観の美しさが日本にまで伝わっていたことが分かります。この嘆願書が功を奏したようで、結局入城の許可を得ることに成功します。使節団は「西北の門」（艮山門を指すか?）から入って街並みを見学し、城内の南にある景勝地呉山のふもとまで到着したあとまた北に向かい、武林門から城の外に出ています。

巳の刻に上陸し、西北の城門から杭州府に入った。杭州府の中を進んでいると、科挙及第を示す門（牌楼）がたくさんあった。……またのぼり旗の広告もある。河清老酒・金華老酒・短水白酒・羅浮春・洞庭春色・上色清香高酒・瑶池玉液・紫府瓊漿などの類いでとても記しきれない。また学校があり、門に「小学」の二字が掲げられている。おくにも一つの門があり、横額で「雲程発軫」とある。また寺がある。寺の門は多層になっている壮麗な造りで、まるで高い塔のようである。門の中央に金字で「真教寺」の三字が掲げられている。また店舗がある。看板に鄭氏涼傘舗や清油細傘舗と書かれている。帽舗・紅舗・銀舗の類いも数え切れない。また餅[27]を売っている店がある。木で餅の型を作り、大白雪餅と書かれている。また食事を供する店がある。木の看板に家常大飯（家庭料理）と書かれている。また門（牌楼）が一つあり、「国豎坊」の三字が掲げられている。医者であろうか。二階建ての楼閣がある。横に「鎮海楼」の三字が掲げられている。おそらく水時計の置かれている建物であろう。その下を通り過ぎた。この楼閣の左側には山（呉山）の方に通じる道がある。小さな門があり、「登高覧勝」の四字が掲げられている。この山から西湖を一望できるのだろう。また城門があり、「武林」の二字が掲げられている。ここの城門から出ると左側に建物の門があり、横に「北関駐節」と掲げられている。また門があり、縦に「呉山駅」の三字が掲げられている。額には「停驂」の二字がある。その先には石橋があり、橋を過ぎて門をくぐる。横に「湖山一覧」の四字が掲げられている。……少しの間ここで休憩をした。(28)

役所や城門などの目立つ建物以外にも、様々な商店の建ち並ぶ繁栄した街のすがたが事細かに記述されています。真教寺はイスラム教の寺院のことで、今は鳳凰寺と呼ばれています。鎮海楼は城の南、呉山のふもとにある楼閣で、太鼓などで時を知らせるための「鼓楼」としての役割がありました。鼓楼のすぐ左側には今も呉山へ登る小さな道があります。

真教寺や鎮海楼のような都市を象徴する建物は『西湖遊覧志』にも紹介されています。その一方、「鄭氏涼傘舗」や「大白雪餅」といった具体的な店の名前や商品名のようなものは、『西湖遊覧志』には収録されていません。中国人にとって、街の商店や食べ物は、いつでもどこにでもある身近で当たり前の存在であり、紀行文、あるいは日記などにも殆ど記されていません。珍しくないものは記録に残りにくいのです。

外国人である策彦周良が当地の人があまり関心を払わないような事物にも興味を持ち、日記に残してくれたおかげで、今日の我々も明代杭州の街並みの一端を知ることが出来たのです。

四、おわりに――杭州の美と日本とのかかわり

杭州の美しさを蘇州と並べて賛美した、「天に天国があれば、地には蘇州・杭州がある」（上有天堂、下有蘇杭）という諺があります。江南を代表する二大都市の美しさを天国と比べることで誇った表現です。ここ

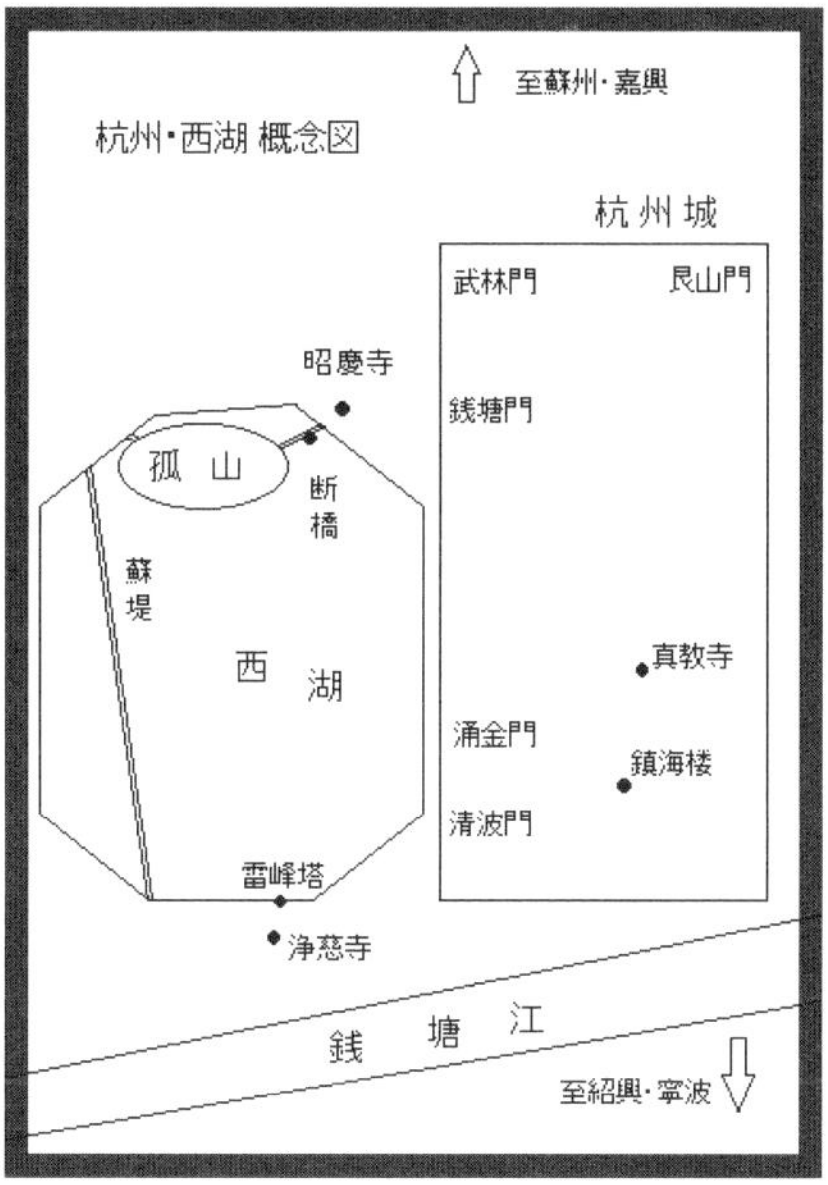

まで見てきたように、杭州は「普陀山」（海を渡らなければならない）、「蓬莱島」（有るか無いか分からない）、「天堂」（天の上にある）などと比較されながら、現実的に訪れやすい景勝地として中国の人々を惹きつけて来ました。本論では日記形式の紀行文を通して、杭州を旅する人々の具体的な姿を見てきました。

また杭州は行くことの難しかった日本人にも、その名声が古くから知られてきました。杭州や西湖の名は詩や絵、あるいは数少ない実際に杭州を目で見たことのある人の話などによって伝わってきたのです。たとえば、江戸時代に造られた錦帯橋（山口県岩国市）は、西湖の図に描かれた橋をモデルにしたと言われています。ほかにも、江戸時代に各地に造られた大名庭園には西湖に見立てた池が多く造られています。東京では小石川後楽園、旧芝離宮庭園などで「西湖の堤」を見ることができます。旧芝離宮庭園では西湖の堤を渡った先に蓬莱島を模した島があります。『西湖遊覧志』の序文で観光のしやすさを巡って比較の対象となった西湖と蓬莱島が、どちらにも行くことが難しかった日本にある庭園の中で美しさを共通点として一つ処に再現されたのです。

【注釈】

（1）杭州と西湖を取り上げた先行研究として代表的なものに次のものがある。大室幹雄『西湖案内―中国庭園論序説』（岩

波書店、一九八五　旅とトポスの精神史）

（2）テキストは『西湖遊覧志餘』（上海古籍出版社、一九九八《西湖文献》叢書）を用いた。

（3）正徳間、有日本国使者、経西湖、題詩云、「昔年曽見此湖図、不信人間有此湖、今日打従湖上過、画工還欠着工夫。」詩語雖俳、而羨慕之心、聞於海外久矣。

（4）詩跡については、松浦友久『漢詩—美の在りか—』（岩波書店、二〇〇二　岩波新書）を参考にした。

（5）テキストは田汝成『西湖遊覧志』（上海古籍出版社、一九五八）を用いた。

（6）海上之士、往往談蓬莱三島之勝、恍惚渺茫、莫可蹤跡。豈若西湖重青浅碧、抱麗城闉、陸走水浮、咸可渉覧。……宜乎勝甲寰中、声聞夷服也。然海内名山、率皆有志、而西湖独無、詎非闕典。

（7）清波門、過流福水橋、瀕湖為学士橋、折而南為茶坊嶺、又西南、過長橋、為南屏山、浄慈禅寺、万工池。浄慈寺後、為蓮花洞、居然亭。浄慈寺前、為雷峰塔、藕花居、倪尚書墓。

（8）雷峯者、南屏山之支脈也。穹窿迴映、舊名中峯、亦曰迴峯、宋有道士徐立之居此、號迴峯先生、或云有雷就者居之、故又名雷峯。呉越王妃於此建塔、始以千尺十三層為率、尋以財力未充、姑建七級、後復以風水家言、止存五級、俗称王妃塔。以地産黄皮木、遂訛黄皮塔。俗伝湖中有白蛇、青魚両怪、鎮圧塔下。

（9）「雷峰夕照図」は『西湖十景（明清版画）』（上海美術出版社、一九七九）より引用した。

（10）棟方徳「袁中郎の遊記について—蘇州・杭州の時期を中心に—」（『二松』七、一九九三）を参照。

（11）『客越志』から杭州滞在部分を抜粋したもの。テキストは丁丙『武林掌故叢編』第二冊（台湾国風出版社、一九六七用光緒九年八月嘉惠堂丁氏刊本景印）を用いた。

（12）歳丙寅五月……十二日壬寅治装。余未識南行道里、既従書肆買図経載篋中、又要友人管建初同行。建初昔歳曽探禹穴、為余談両浙山川曲折、若在掌上、故遂挟之行。

（13）従銭塘門出、……出溜水橋……憩昭慶律寺、……過寺折西湖……入大仏禅寺、寺在宝石山、……山巓保俶塔不及登、北行二里、葛嶺下為岳武穆王祠廟……謁四賢祠、……山之陰即処士墓……北為放鶴亭、過断橋由故路入城帰。

（14）出涌金門、西過清波門外、……隔湖望昨日遊処、已在寒雲、回首夢境、先過浄慈寺、不入逕、入藕花居、夾道皆士大夫家、……李君座上僧出迓問余、君已出。……去遊浄慈寺、……湖面昏昏欲雨、不及一探索、還旅舎。

(15) テキストは屠友祥校注『味水軒日記校注』（上海遠東出版社、二〇一一）を用いた。また、井上充幸「明末の文人李日華の趣味生活―『味水軒日記』を中心に」（『東洋史研究』五九（一）、二〇〇〇）を参照。

(16) 二十六日、治杭行、晩泊北麗橋。……二十七日、晩泊崇徳、雨甚。……二十八日、覓小艇、運至松毛場……晩至雲山僧房。

(17) 二十九日、夜雨。前是督理織造内臣孫隆于昭慶寺両廊置店肆百余、……而四方異賈亦集、以珍奇玩物懸列待価、謂之擺攤。余毎飯罷、東西遊行厭而後舎去。

(18) 六日、熱甚。……、廊肆中見唐伯虎叢竹。

(19) 七日、雨、午刻稍歇。歩寺廊、観列肆、購得郭熙『扶桑暁日図』一巻。

(20) 二十三日、晴。至六橋、入項老児店。老児蓬首垢面、風采如故。俄従塵埃中出一沓相示。

(21) 十一日……与児子歩登宝叔塔、歩至六橋至項老店、与之雪藕而食。項老欣然出巻軸相評賞。

(22) 二十二日……覓肩輿至六橋、觴古項老已物化矣。為之悵然者久之。

(23) 進香については、鈴木智夫「明清時代農民の杭州進香について」（『史境』十三、一九八六）を参照。

(24) 張岱著・松枝茂夫訳『陶庵夢憶』（岩波書店、一九八一　岩波文庫）

(25) 牧田諦亮『策彦入明記の研究』上下（法蔵館、一九五九）を参照。テキストもここから引用した。

(26) 生等在弊邑之日。仄聞説杭湖之奇絶。而造次顛沛。念茲在茲。生等今欲依前規入本府。不賜許諾。日衆大失望。

(27) 小麦などで作った薄くて丸い食べ物の総称。日本の「もち」とは異なる。

(28) 巳刻。上岸。自分西北門入杭府。府中所過。及第門多々有。……又帘銘有河清老酒・金華老酒・短水白酒・羅浮春・洞庭春色・上色清香高酒・瑶池玉液・紫府瓊漿等之類不可悉記焉。又有学校。門掲「小学」二大字。裏有一門。横額「雲程発軫」。又有寺。寺門架以層層華構。猶如層塔。門中央以金掲「真教寺」三大字。又有舗。或刻牌以鄭氏涼傘舗。或以清油細傘舗。帽舗・紅舗・銀舗之類不知数。又有売餅店。以木造餅形。書中以大白雪餅。又有売飯家。有木牌。書以家常大飯。又有一門。掲「国醫坊」三大字。蓋医家歟。有二重楼。横掲「鎮海楼」三大字。蓋置漏量時之楼也。過其下。出此楼左畔。有路之通翠微。有一小門。揭「登高覧勝」四字。蓋於此一覧西湖也。又有一門。揭「武林」二大字。此出門左畔有門。横揭「北関駐節」之四大字。又有門。竪揭「呉山駅」三大字。額裏有「停驂」之二大字。次有石橋。過橋入一門。横揭「湖山一覧」四大字。……少焉。憩息于此。

ローカリティの「発見」をめぐる移動の物語

―「ディスカバー・ジャパン」から「江古田スケッチ」まで―

◇文学部　都市文化デザイン学科　江藤　茂博　*Shigehiro Eto*

村上春樹が1979年に発表した『風の歌を聴け』は、東京から地方の街に帰省した主人公「僕」が語るひと夏の物語である。ある若者の視点から描かれたこの作品では、次元がやや異なる２つの「交通」が物語の時空を生んでいた。ひとつは、物語内現実の街におけるラジオ放送局とリスナーとのやりとりや、流れる音楽との「交通」が、1970年という物語の時間や文化を顕在化させている。もうひとつは、その地方の海辺の街と、その向う側に見え隠れする東京との２つの街の「交通」が、この1970年における日本の都会的空間を構築している。つまり、これら２つの「交通」による1970年の時空が、物語の舞台として表象されていたのだ。現実においては、同年３月に大阪千里丘陵で日本万国博覧会が開催されている。東京と大阪あるいは関西という日本の都会的な２つの空間が、文化的には拮抗しながらもそれぞれ中心性を保っていた時代だった。

1．はじめに

文学作品としてであっても、また映像作品としてであっても、物語として

表象された都市空間は、つまりテクストとなった都市空間は、時代を超えて多くの人々に解読・受容されることになる。その受容した人々のなかで、たとえば観光客としてその土地を訪問した者は、すでに獲得したイメージや、新たに獲得する情報を手掛かりとして、訪問したその都市空間をさらに深く読み込むことになるだろう。観光客によって様々に読み解かれ、重ねられることで生成される新たな空間イメージが、都市空間の意味性を変容させていくのである。

2009年秋、岡山県倉敷市観光課の主催で、観光イベント「巡・金田一耕助の小径」が開催されることになった。横溝正史の探偵小説が生みだした名探偵、金田一耕助の誕生の地・真備町を拠点として様々なイベントが企画された。そのなかに、たとえば「観る」ということでいえば展示・展覧会が、「聴く」ということでいえば教養講座・講演会が、「触れる」ということでいえば参加型イベント・ツアーが地元の協力を得ながら実現されたのである。さらに、「創る」ということでいえば、小説「本陣殺人事件」の密室殺人のトリック再現であろうか。

（図１）「巡・金田一耕助の小径」

それでは、どのようにして真備町で「金田一耕助ワールド」が構築されるにいたったのか、その経緯を簡単に素描してみよう。もともと1949年から1951年にかけて断続的に発表された『八つ墓村』であったが、それが最初の角川文庫作品として刊行されたのは1971年である。片岡知恵蔵によって金田一シリーズの映画などが1950年代に製作されたこともあったが、1970年ごろ角川春樹が注目したことにより、横溝作品の角川文庫化とそれらを原作とした映画化が始まったのである。とくに1976年の角川映画「犬神家の一族」の空前の大ヒットと、1977年にはじまる古谷一行による「金田一耕助シリーズ」

の放送開始は、横溝作品の文庫本シリーズ化と結びつくことになった。しかしこのような1970年代の「横溝正史ブーム」はその後、沈静化しながらも、バブル経済を背景にして多様化していった。1980年代以降もテレビドラマ「名探偵・金田一耕助シリーズ」としてつづき、金田一耕助の孫が活躍するという設定での1992年以降の「金田一少年の事件簿」などが製作されている。このような背景を踏まえて、岡山県倉敷市では、作家・横溝の戦時下における疎開先でもあったことから、横溝正史顕彰と併せて横溝ミステリーを観光資源としても活用しようとする機運が高まり、その流れのなかで観光イベント「巡・金田一耕助の小径」が実現されたという経緯がある。

全国から集まるファン層は「探偵小説ファン」に固定されそうな気もするが、実際には蓋を開けてみると、こうした複合型イベントには様々なジャンルの観光客が集まってきた。たとえば、ミステリーファンとして位置づけうる「探偵小説ファン」、キャラクターファンとして位置づけうる「金田一耕助ファン」、劇場参加型ツーリストとして位置づけうる「コスプレファン」、次世代型ツーリストとして位置づけうる「聖地巡礼ファン」など、その内実は多様である。その参加者のなかには、テレビドラマは観たが、原作の小説は読んだことがないという人もいる。つまり各ジャンルの参加者たちは、それぞれに異なる目的や知識を前提にしながら、複合的なイベントである「巡・金田一耕助の小径」の時空を共有しているのである。

いまあげた事例は、横溝のミステリーを観光資源として活用しようとする大衆文化現象の一例として興味深い。しかし、この現象をより俯瞰的な視点から捉えなおしてみると、ある特定のコンテンツがメディウムの壁を越えて拡散・流通していく事例としても検討の余地があるだろう。実際に「金田一」というキャラクターをめぐる作品は、これまで映画・テレビ・アニメ・テレビゲームなど、さまざまなメディアのうえで表象され、それらをめぐって培われたファンたちの想像力が倉敷市のイベントで合流することになったので

ある。これが意味するものとはいったい何なのだろうか。

【アソシアシオン】

ここで､この問題を共同体のあり方という観点から考えてみよう。ウスビ・サコは『知のリテラシー　文化』のなかで、ドイツの社会学者フェルディナント・テンニースが提唱した「ゲマインシャフト」（近くに住んでいるという関係性、すなわち「血縁関係」と、互いに親戚であるという関係性、すなわち「地縁関係」をベースとするコミュニティ）、および「ゲゼルシャフト」（「社縁的、すなわち社会的に結ばれた利益社会」をベースとするコミュニティ）の両概念と対比するかたちで、現代的なコミュニティのあり方を指示する「アソシアシオン」（association：趣味や社会的関心などをベースに形成された利益をともなわないコミュニティ）という概念を提起している。彼によると、アソシアシオンとは「拘束性が少ないこと、さまざまな形、レベルでの参加が可能な柔軟な集団」（サコ，2007：102）であり、たとえば物理的空間においてはカフェやNPOの事務所など、あるいは仮想空間においてはSNSなどがそのコミュニティの「場」となって、人々が自らの趣味や関心をもとに相互に結びついている、という。ちなみにサコは「個室」という空間を、アソシアシオンを実現する重要な要素としてとりあげている――「現代の日本社会において、大部分の若者は、自分の趣味をさまざまなツールをとおして社会に発信することができるし、同じ趣味や関心をもっている人たちのネットワークに簡単に参加することができます。それらのネットワークのほとんどは個室からはじまっているといっても過言ではありません」と主張されるのである（同書：98）。そのことを踏まえて考察してみると、「巡・金田一耕助の小径」の現場で発生していたことを私たちはどのように位置づけることができるのだろうか。

（5）

【個室からの脱出】

W・J・オングは、グーテンベルクの活版印刷術の発明によって読書習慣の変容が惹起されたと指摘している。つまり活字文化の到来以前には、読書は集団のなかでの音読という社会的な形態をとっていたが、それ以降には、携帯可能な小型の本が市場に出回ったことによって、個人的な空間での黙読が一般化し、近代社会の特色のひとつであるプライバシーの意識が培われていったともいわれている（オング，1995：148-149）。もともと小説を読むといった行為は、近代的な読書習慣から派生していったものであろうが、これに対して「巡・金田一耕助の小径」の現場での出来事は、横溝ミステリーの「個室」における読書という閉鎖空間のなかでは決して完結しえない、新しいタイプの消費行動を提示するものといえる。全国から岡山倉敷市という一地方に集った多様なジャンルのファンたち――たとえば探偵小説ファン、金田一耕助ファン、コスプレファン、聖地巡礼ファンなど――は、各自が個室をつうじて形成した想像力を、ときにインターネットを介して他者と共有しそれぞれの属するアソシアシオンを形成するだけにとどまらず、イベントスタッフとともに真備町という一地方の物理的な空間のなかで出逢うことによって、あるいは、そこで「金田一」を再発見することによって、「巡・金田一耕助の小径」の現場を多種多様な想像力が混交する複合的かつ多層的な場へと変換しているのである。

このように説明可能な観光イベントは、現代におけるメディア・コンテンツの流通をめぐる興味深い例を提示してくれている。コスプレ、聖地巡礼など、比較的新しいコンテンツ消費の形態は、受け手による積極的な表現や物理的な移動のプロセスをともなっている。ある特定の作品がメディウムの壁を越えて、さらには様々な文化事象として表出することによって、私たちをとりまく空間イメージはその都度、再構成されていくのである。本章では高度経済成長期以降の、とくに１９７０年代の文化的状況に注目しながら、メ

ディアのうみだす空間とその消費者の移動にともなって、ローカリティの「発見」がどのように達成されていったのかを考えていく。

2. ディスカバー・ジャパン——ローカリティの「発見」

旅のライバルは何だと思いますか…それはテレビです（森, 2007：20）。

これは大阪で開催された日本万国博覧会の終了後を見据えて、当時の国鉄が国内旅行を促進させるポスト万博キャンペーンを企画した会議の席上で、電通のプロデューサーであった藤岡和賀夫が言い放った一言である。先にもふれた、このいわゆる大阪万博では、1970年３月14日から９月13日までの短期間のうちに6400万人あまりが来場し、それはあたかも「民族大移動」ともいえるような様相を呈していた（それは見方を変えれば、新聞やテレビなどのマスメディアが表象した万博のコンテンツを、実際にそこを訪れて消費させるための、国家的な「大移動」のプロジェクトだったのである）。しかし国鉄では、せっかく乗客の大量輸送を実現するためにダイヤ改正などの対応を講じたにもかかわらず、いったん万博が終わってしまえば「民族大移動」は沈静化し、まさに「ガラガラの列車が文字通り空気を運んでいる」（同書：９）というような閑古鳥が鳴く状況が待ち受けているのではないか、と事前に危惧されていた。もちろんそのこと自体が、東京一極集中化時代の明確な自覚であり、日本列島をめぐる空間性の変容の帰結でもあったのだ。そのような経緯があって、万博後の国内旅行の需要を掘り起こすために、国鉄と電通が組んで大規模なキャンペーンが企画されることになった——そのなかで実現されたのが「DISCOVER JAPAN（美しい日本と私）」と銘打たれた観光誘致キャンペーンであったのである。

【高度経済成長期の日本】

列島全体の空間性の変容が生まれつつあるなか、当時の日本社会は高度経済成長期のまっただなかにあった。一般的に1954年12月から1973年11月までの約19年間とされるその高度成長期のあいだ、人々は戦後の復興期を乗り越え、社会は大きな変貌を遂げつつあったのだ。その変貌は、たとえば若者と労働者の人口増大、進学率の上昇にともなう新制大学の拡大、大都市への人口集中など、様々な局面をつうじて顕在化していったといえる。とくに1960年代は、東京などの大都市に集中した人口によって、あるいは東京キー局を中心としたテレビというメディアのネットワーク化によって、一元的な大衆文化が構築されていった時期でもある。

さらに1970年代初頭、大都市圏に集中した労働者人口や、高等教育を受けるための就学者人口がピークを迎え、その都市型核家族形成が一段落した頃、人々は自分たちの出身地としての「故郷」に目を向けはじめた。それは、公害問題の発生をもたらした近代化の問い直しでもあり、また「失われた日本」の再発見という志向とも重なりあるものがあった。そのような時代、当時の国鉄が展開していった「ディスカバー・ジャパン」のキャンペーンは、時代の感性と結びつきながら企画され、受容されていったのである。もちろん、横溝正史ミステリーの前時代性に対する再発見もここと結びつく。

それでは藤岡が語った「旅」に対する仮想敵としての「テレビ」とは、いったい何であったのだろうか。森彰英は、この点について次のように語っている。

> もちろん、ここでいうテレビとは、文明の比喩としてのテレビのことである。テレビは1960年代の高度成長と繁栄という光の部分を鮮やかに演出したが、同時に人々の心から痛み感覚を取り去ったのではないだろうか（同書：20）。

そのような1960年代理解、およびそれに付随するテレビ理解に対して、1970年代初頭に展開された「ディスカバー・ジャパン」のキャンペーンでは、企画書の段階から、これは「旅は見る旅ではなく、自分を創る旅です。日本を発見し、自分自身を再発見する心の充足です。『DISCOVER JAPAN』と呼んでみましょう」と明記されている。つまり、このキャンペーンは目的地の空間イメージそのものを消費させる旅（言い換えれば、テレビ情報と同次元ともいえる絵葉書型目的地販売）というよりは、そのプロセスをつうじて旅行者が日本を、あるいは旅行者が自分自身を再発見する旅として構想されていたわけである。

【「ディスカバー・ジャパン」のキャンペーン】

1970年10月以降、「ディスカバー・ジャパン」のキャンペーンの一環として、国鉄の駅にスタンプが設置されたほか、不思議なポスターが掲示されていった。たとえば若い女性が熊手で落ち葉をかき集めているもの、あるいは枯草を積んだ山羊がひく車に若い女性がギターを持って乗っているもの等、一見すると何のポスターであるのか、何を訴求しているのかわからない映像世界がそこには展開されていた。葉書型目的地販売というよりは、むしろ旅をとおして自分や日本を見つめ直す、そのようなコンセプトがポスター類の意匠にも反映されていたわけである。戦後の繁栄は、戦時下の犠牲者への鎮魂と結びつき、戦後新モラルと戦前旧モラルの拮抗のなかで、死生観を含んだ内省的な文化がひろがっていた。自分や日本を見つめ直すといった志向もそうしたコンテクストのなかに置くべきであろう。

当時このキャンペーンに関連して作られたポスターのうち、代表的なものといえるのが女の子が板張りの室内で正座している写真を使ったものである。ロケ地となったのは、茨城県にある大覚寺の本堂。その畳のうえにポツンと、

パンタロンをはいた女の子が正座している。そして、その右側には「目を閉じて…何を見よう。」とのコピーが添えられている。このような若い女性と古い風景との対比は、これら一連のポスターの典型的な構図であり、それらは観光地を明示しない、あるいは目的地を明示しないという意味で、まさに絵葉書型目的地販売とは対極的な方向性を導入したものといえる。

ポスターやテレビ CM をつうじて展開された「ディスカバー・ジャパン」のキャンペーンを、私たちはどのように捉えるべきであろうか。ジョシュア・メイロウィッツは、電子メディアによる空間意識の変容を理論化しているが、彼の考え方にしたがえば、たとえば職場にいる父が自宅にいる「私」へと電話をかけるとき、そこで２つの異なる社会的領域が（一時的かつ限定的であるにせよ）融合されるという。そして、その場合、第１の状況（現実世界、すなわち「私」のいる自宅）に第２の状況（電話越しのメディア世界、すなわち父のいる職場）が侵入することによって発生する「第３の状況」（自宅＋職場）とは、その構成因である２つの状況を単純に加算したものではなく、むしろ、まったく新しい状況意識をもたらすものとなる。1970年の文化環境として村上春樹『風の歌を聴け』が描いたのは、ラジオという放送メディアによってもたらされた「第３の状況」であった。ちなみに、これは遠く離れた世界の情報を私たちに現前させるインターネットなどを含め、さまざまな通信メディア・放送メディアによっても惹起される事態であるといえよう。

メイロウィッツが注目した「状況融合」の作用は、もちろんテレビというメディアによっても成立する。テレビは物理的空間のなかで別々に存在する複数の状況（テレビのこちら側とむこう側）を融合し、画面の彼岸に展開されるメディア世界を視聴者に追体験させるのである。これに対して「ディスカバー・ジャパン」の CM は、テレビによって表象されながらも、テレビをみる人々を旅へと誘おうとし、視聴者を旅行者へと転換させようとするのである。その結果として、ポスターやテレビ CM などをつうじた広告戦略に

よって、忘れられていた「古き良き日本」の現代人による再発見という、一種の「神話」が捏造されていったのである――旅行による地方の空間的イメージの消費というプロセスをともなって。そして横溝ミステリーは、この1970年代に「古き悪しき日本」の「消滅」を、村社会＝ローカリティの因襲に絡む犯罪を過去の出来事として再発見させることで、その「神話」を支えたのである。

3. 歌詞のなかに織り込まれた旅

野村典彦は『鉄道と旅する身体の近代』のなかで1970年代の旅のあり方に言及し、「批判されるべきは『文明・経済・物質・機械化・醜さ』、大切なのは『人間性・心・美しさ』である」と整理している（野村，2011：244)。その意味で1970年に企画された「ディスカバー・ジャパン」のキャンペーンは、その後に展開されていった観光誘致キャンペーンの祖形になったといえる。1977年１月６日から翌年の11月まで「一枚のキップから」キャンペーンが展開され、さらに1977年11月３日からは「いい日旅立ち」キャンペーンが開始されている。このうち前者のキャンペーンソングとして流れていたのは、小林啓子の曲である「レイルウェイ・ララバイ」、後者のキャンペーンソングとして流れていたのは、山口百恵のヒット曲である「いい日旅立ち」であった。ちなみに「いい日旅立ち」に関してはキャンペーンとして大成功をおさめ、1984年２月に「エキゾチック ジャパン」キャンペーンが開始されるまで５年３カ月の長期間にわたって続いた。

【DISCOVER JAPAN 2】

山口百恵によるシングル「いい日旅立ち」は、1978年11月にリリースされている。国鉄によるキャンペーンのコピー「いい日旅立ち」を生かして作詞作曲したのが谷村新司、編曲したのは川口真であった。その歌詞を以下に紹

介しておこう。

雪解け間近の
北の空に向い
過ぎ去りし日々の夢を
叫ぶ時
帰らぬ人達
熱い胸をよぎる
せめて
今日から一人きり
旅に出る
あゝ日本のどこかに
私を待ってる人がいる
いい日 旅立ち
夕焼けをさがしに
母の背中で聞いた歌を
道連れに…

岬のはずれに
少年は魚釣り
青いすすきの小径を
帰るのか
私は今から
想い出を創るため
砂に枯木で書くつもり
“さよなら”と
あゝ日本のどこかに
私を待ってる人がいる
いい日 旅立ち
羊雲をさがしに
父が教えてくれた歌を
道連れに…

あゝ日本のどこかに
私を待ってる人がいる
いい日 旅立ち
幸せをさがしに
子供の頃に歌った歌を
道連れに…

一人旅の旅情と哀愁のあふれる歌詞であるが、まさに「古き良き日本」をイメージさせるような内容とも解釈することができる。ちなみに「いい日旅

立ち」キャンペーンのポスターには、そのコピーの横に「DISCOVER JAPAN 2」の文字も併記されていた。

【ニューミュージックの誕生】

1970年の三島由紀夫自決、1972年のあさま山荘事件、田中角栄「列島改造論」、1973年オイルショック、1976年のロッキード事件、そして1979年のソ連のアフガニスタン侵攻……。このような世相の移り変わりを反映して「1970年代の歌謡曲は、多極化の時代を迎えた。歌謡曲はその用語に多岐多彩なジャンルを包含している。政治色の濃かったフォークが商業ベースにのり、歌謡界へ進出した。ここに新しい日本の歌が成立したのだ」と菊池清磨は説明を加えている。そしてさらに「歌謡界では演歌とフォークが結合し、双方の独自性を失っていた。…それぞれのジャンルが歌謡曲の範疇で多極化を共存していたが、70年代の後半になると、フォークはポップス系ロックと共にニューミュージックという新しい名称になり、若者文化として歌謡曲の主流となった」とも指摘している（菊池，2008：206-210）。

ここでニューミュージックを代表する楽曲として紹介しておきたいのは、荒井由美（松任谷由美）による「ルージュの伝言」である。1975年２月20日に５枚目のシングルとしてリリースされたが、その発売に先立ち、東芝ＥＭＩから「都会派」の音楽というコピーで宣伝されていた。

あの人のママに会うために
今ひとり列車に乗ったの
たそがれせまる街並や車の流れ
横目で追い越して
あの人はもう気付く頃よ
バスルームにルージュの伝言

(13)

浮気な恋をはやくあきらめないかぎり
家には帰らない
不安な気持を残したまま
町は Ding-Dong 遠ざかってゆくわ
明日の朝ママから電話で
しかってもらうわ My Darling
あの人はあわててる頃よ
バスルームにルージュの伝言
てあたりしだい友達にたずねるかしら
私の行く先を
不安な気持を残したまま
町は Ding-Dong 遠ざかってゆくわ
明日の朝ママから電話で
しかってもらうわ My Darling
しかってもらうわ My Darling

私たちはこの歌詞から、1970年代をつうじての歌謡曲の変化だけではなく、旅をめぐる想像力の変化をも読み取ることもできるだろう。「いい日旅立ち」に含まれる「どこかに」ある古い日本への郷愁と、「ルージュの伝言」にある「日常的な」東京およびその近郊の現実の生活とが、ともに若い世代にリアルなものとして受け入れられることで、東京一極集中の文化はみごとに表象されることになる。ここには、もはや再発見されるべき日本の原風景はなく、癒しをもとめて新しい自己を発見しようとする旅人もいない。しかし、若者世代よりもさらに上の世代は、1969年８月に始まる映画「男はつらいよ」シリーズの寅さんのように、もはや故郷などどこにもないことを受け入れられずに、永遠にさまようしかなかったともいえる。東京一極集中は、若者世

代にとって都市文化のローカル化が進行する一方で、高度成長期地方出身者世代の故郷＝ローカリティの喪失がひろがっていたのだ。

4．文化の記憶装置としての学生街

ニューミュージックが台頭していく一方で、当時の若者たちが形成していた学生街に目を向けてみると、そこにはローカリティを含みつつ、ある種の「遅延性」を特徴とする若者たちの文化が温存されていたともいえる。つまり、そこにはマスメディアが作りあげた一元的なネットワークに抗するカウンター・カルチャーとして、マイナー志向を前提とする独特の学生文化が継続していたのである。

【江古田スケッチ】

そのような学生文化を題材として作られたある楽曲を紹介しておこう。竹内緑郎と旅行かばんによる1978年の曲、「江古田スケッチ」である。その歌詞は以下の通りである。

忘れられないことの中に
何でもないようなことがある
それはいつも記憶のどこかで
色もあせずによみがえる
ぼくが江古田に住んでいた
四年の月日のその中で
出合うひとがいつもたのしみで　若い日々は夢うつつ
踏切のそばのキッサ店は　電車が通ればふるえだす
ウィンナー・コーヒーのミルクかげんに　ちょっとうるさい広瀬夏子
彼女にとってこの街は　はじける季節の仮の宿

(15)

日芸　武蔵　武蔵野音大　思い出の街

雨の日などはマンガ抱いて
カルチェあたりでお茶を飲む
セピア色の写真の中に
ひげのマスターが笑っていた
ピアノたたいて坂本が
うたったあの唄思い出す
それはいつも売れない男の　さびしさうたった唄だった
駅前の八百屋で買ったポテト　ふかして食うのもおつなもの
そんな言い訳笑いながら　タバコねだった浜田信二
あいつにとってこの街は　夢を飛ばせるエアポート
日芸　武蔵　武蔵野音大　若い日の街

彼女を待たせて森岡は
雀荘ロンに入りびたり
西陽の部屋で別れの手紙
あいつはふるえて読んでいた
ぼくが江古田を去ったのは
木枯しもようの秋だった
さようならと駅のホームで　そっとひとりでつぶやいた
江古田文化の深夜映画に　涙流した佐野京子
夜明け前の下宿の窓に　ひじかけながら彼女は言った
卒業したらあのひとは　ふるさと行きの汽車に乗る
日芸　武蔵　武蔵野音大　思い出の街

「江古田スケッチ」は４年間にわたる大学生活についての思い出を表象したものではあるが、この曲そのものが江古田という場所に関する記憶装置のようでもある。その歌詞には、駅周辺の大学、たとえば日本大学芸術学部、武蔵大学、武蔵野音大のほか、近隣の八百屋や喫茶店など、実際の風景がおりこまれている。幾つかの大学を中心とするこの学生街は、若者たちのうみだす多様な文化が混淆する場であったし、いまもそうでありつづけている。そして、やはりこの情緒的な空気をふくむ曲のなかにも、若者が東京のひとつの地域である「江古田文化」を通り過ぎていくうえでの移動の手段、たとえば「駅」や「ふるさと行の汽車」というローカルなものへの経路が登場しているのである。しかもこの情緒的な空気をふくむ歌詞のなかに、具体的な人物や風景を織り込むことで、この曲はローカリティを獲得しているのである。つまり、記号的な一般化を拒否することで、ここでしかない場所を獲得できたのだ。もちろんそのことに学生街、あるいは大学の固有名詞は有効に機能した。そうしたマイナー志向に対して、メジャーからリリースされた1972年のガロの「学生街の喫茶店」では、すでに具体的な場所は消されて、学生街としての表象だけが機能していた。

【学生街の衰退】

1970年代の後半、都市文化が新たな若者のホップカルチャーに塗りかえられようとするとき、学生街あるいは大学では、マスメディアのネッワークに対抗するカウンター・カルチャーとして、ローカリティを含んだ文化が温存されていた。しかし学生文化という領域が、一般社会との差異化をなくし、その境界があいまいになってしまった21世紀においては、「学生街」に関する音楽・物語の終焉を迎えつつある、といっても過言ではない。吉見俊哉らはその著書『大衆文化とメディア』のなかで、1980年代以降の社会状況を次のように整理している。

1980年代末のバブル経済が崩壊して以来、長引く不況とグローバリゼーションの大波、数々の陰惨な事件の中で、日本社会は激しい変動の時代に入っていった。それは、一言でいうならば、「崩壊」や「分解」といった言葉で呼ぶのがふさわしい類の変化であった。70年代まで、日本社会は総中間層化、誰もが自分は「中流」であると感じるような社会意識が広がっていく流れをたどってきたし、この傾向は変わらないと信じられてきた。しかし、８０年代末のバブル、そしてその崩壊後にやってきた長い不況の時代を通じて事態は一変する。「失われた10年」といわれる90年代を経て、日本社会が世界的に見ても不平等な社会であること、中間大衆として括られてきた経済・文化的に比較的同質の層が、いまや解体ないしは両極分解しつつあることが知られてきている（吉見, 2010：i)。

このような時代の流れのなかで、江古田という街のイメージもたえず様々なメディアとの関係性のなかで変容しつつある。近年この街は、たとえば2000年代にはいってからは『臨死!! 江古田ちゃん』として漫画化され、さらにテレビドラマ化されてもいるが、そのような現象があるなかで2011年、文化通信社によって改めて「江古田スケッチ」を題材とした芝居がこの街で上演された。主演女優の吉野紗香は、現代から1978年にタイムスリップする謎の少女を演じている。シナリオは「江古田スケッチ」を作詞作曲した竹内緑郎こと朝倉薫さんである。レコードから芝居へ、そして1978年から2011年へ――このコンテンツは時間の壁を越えて、あるいはメディウムの壁を越えて、現代においても形を変えながら継承されているのである。

5. 結びにかえて――現代におけるローカルの場所

現在、われわれはどのようなメディアを経由してローカリティへとアクセスしているのだろうか。地域の食文化といえども、高い流通性を手に入れら

れるものは、全国ネットワーク化されて味覚的な中央集権化とそれに加えた地域サービスによってどこまでも拡散していく。1970年頃からのファーストフードやファミリーレストランチェーンから始まり、東京の吉野家の牛丼や長崎のリンガーハットのちゃんぽんなど、ローカリティのある食文化さえ全国ネットワーク展開が生まれている。情報化社会が発達し、テレビ番組やネットの書き込みによる豊かな情報があたりまえのように提供される今日の社会のなかで、全国ネットワーク化されていないローカルなものまでもが、その商品性の高いものは都市文化のオプションのひとつでもあるかのように組み込まれている。たとえば、そうしたローカリティをおびた商品を使った各地の都市圏百貨店での地方物産展や大都市圏地方アンテナショップでの消費行動への誘発があるだろう。また、地方であってもたとえば車という「移動能力を拡張するメディア」によって、私たちはショッピングモールに赴き、そこで多様なご当地Ｂ級グルメの「再発見」というかたちでのローカルなもののシミュラークルと遭遇する。それは、ショッピングモールという「都市文化」の配信装置のなかで、いわば「都市文化」のまなざしによって、ローカルなものが再構築されているのである。つまり、地域の商品や食品などのさまざまなグッズ・フーズそして飲食サービスとは、「都市文化」との差異化によって相互が際立った併存を手にできるように仕向けられたローカリティなのだといえよう。ここでのローカルな文化の「再発見」は、自らの地域文化の再認と、違う場所へと誘う観光資源として、ともに「都市文化」との相互補完のなかで構築されることになるのだ。そして、21世紀の観光イベント「巡・金田一耕助の小径」もまた、現在におけるローカルな場所の特性を含みながら、その複合性や多様なコンテンツ消費の力学は、ショッププピングモールの小宇宙のなかのローカリティ再構築のそれと相似性をもつことになる。

【引用・参照文献】

オング，W. J.（1995）．「印刷、スペース、閉ざされたテキスト」デイヴィッド・クローリー他編『歴史のなかのコミュニケーション――メディア革命の社会文化史』林進他訳、新曜社。

菊池清麿（2008）．『日本流行歌変遷史―歌謡曲の誕生からJ・ポップスの時代へ』論創社。

野村典彦（2011）．『鉄道と旅する身体の近代―民謡・伝説からディスカバー・ジャパンへ』青弓社。

葉口英子・河田学・ウスビ・サコ編（2007）．『知のリテラシー　文化』ナカニシヤ出版。

メイロウィッツ，J.　（2003）．『場所感の喪失――電子メディアが社会的行動に及ぼす影響』安川一他訳、新曜社。

森彰英（2007）．『『ディスカバー・ジャパン』の時代―新しい旅を創造した、史上最大のキャンペーン』交通新聞サービス。

吉見俊哉・土屋礼子編（2010）．『大衆文化とメディア』ミネルヴァ書房。

井尼昭夫：江藤茂博・大﨑紘一・松本健太郎編（2016）．『ショッピングモールと地域』ナカニシヤ出版

【引用したメディア作品】

『江古田スケッチ』

『いい日旅立ち』

『ルージュの伝言』

『臨死!!江古田ちゃん』

『舞台江古田スケッチ』

【注釈】

（1）　倉敷市によるホームページには、次のように説明がなされている――「岡山県倉敷市にある真備町は、名探偵金田一耕助の誕生の地。作者の横溝正史は、ここ真備町での疎開生活中『本陣殺人事件』をはじめとした金田一耕助シリーズを発表されました。 真備町を中心としたエリアは、横溝正史作品の宝庫。小説の舞台だけでなく、映画やドラマのロケ地として多くの場所が関わっています。イベント期間中は、多彩な催しを開催します」（http://www.kurashiki-tabi.jp/kindaichi/）。

（２）日本国有鉄道のこと。その分割・民営化により誕生したのがＪＲである。

尚、本稿は遠藤英樹・松本健太郎編著（2015）『空間とメディア』ナカニシヤ出版に所収の同名論考を一部の語句を直したものである。

日常をつくるメディアとしてのテレビ

——福島第一原発事故直後のNHK報道から考える——

◘文学部　都市文化デザイン学科　谷島　貫太　*Kanta Tanishima*

はじめに

テレビは、日常の時間のながれに密接に結びついたメディアです。朝には朝の番組が、昼には昼の番組が、夜には夜の番組が放送されます。お盆やクリスマスやお正月には、その特別な気分にぴったり寄りそった特別番組が放送されます。このようにテレビは日常の時間のながれと強くむすびついているわけですが、ただしその関係は一方向的なものではありません。テレビは日常の時間のながれを映し出すだけではなく、テレビ自身が日常の時間のながれをつくっている、という側面もあります。わたしたちは多くの場合、テレビを見ることを通して時間の感覚を作っています。わたしたちのクリスマス気分やお正月気分は、テレビのクリスマス番組やお正月番組によって作られている部分も大きいのです。

テレビについて議論されるときには、しばしば番組の内容が問題となります。テレビはなにを伝えているのか、その伝えている内容はどうなっているのか、そこに問題はないのかという議論です。しかしテレビというメディアを考えるときに忘れてはならないのが、テレビはわたしたちの日常の感覚を

つくっているメディアである、という視点です。テレビというメディアはあまりにも深くわたしたちの日常のなかに入りこみ、またその日常そのものをつくってもいるのでそのことが見えなくなってしまいがちです。あまりに身近なものは、その身近さゆえに意識する対象にはなりづらいのです。しかし裏を返せばこのことは、それだけテレビが重要なメディアである、ということを意味してもいます。そこで本章では、あまりに身近すぎて見えなくなってしまっている、わたしたちの日常の感覚をつくっているものとしてテレビの役割について考えていきたいと思います。

あまりに身近すぎてふだんの生活のなかでは透明になってしまっている存在がわたしたちの意識にのぼるのは、なにかが上手くいっていないときです。ケガをしたり、病気になったりといったさまざまな理由で身体の機能が「故障」したときには、身体そのものの存在がわたしたちの目の前に強くあらわれてくることになります。テレビというあまりに身近な存在にとっても同じことが当てはまります。ふだんは透明になっているテレビという存在がわたしたちの目の前に姿をあらわすのは、それが「故障」したときです。ここでいう故障とは、もちろんテレビ受像器と機器の故障ではありません。わたしたちの日常の感覚をつくりつづけていくという、テレビの基本機能の故障です。

2011年３月11日の東日本大震災、およびそれによって引き起こされた福島第一原子力発電所での重大事故は、日本のテレビが決定的な「故障」に遭遇したできごとでした。そこでは、わたしたちの日常の感覚をつくるというテレビの機能は完全に故障し、わたしたちは大きな不安のなかに放り出されることになりました。本章では、このときにテレビに起こったことをくわしく見ていこうと思います。

本章で分析の対象とするのは、３月11日から12日にかけてのNHKのニュース報道です。より具体的には、地震発生後、NHKが最初に福島第一原発

に言及した11日の16時30分頃から、１号機の原子炉建屋の水素爆発を伝える12日17時すぎまでの約２４時間の報道です。この約24時間のNHKの報道を見ていくと、アナウンサーや解説員によることばの語りと、映像が視聴者に提示するものとがどんどんとかけ離れ、さらにはおたがいに矛盾したメッセージを伝えはじめてしまう、という事態を見てとることができます。この点に着目し、ことばによる語りと映像による提示がそれぞれなにをしており、またその両者の関係がどうなっているのかをくわしく分析していくことで、完全に「故障」してしまったときにテレビがどのようにふるまったのかを検証していきます。そこには、ふだんは透明になってしまっているテレビの生の姿があらわれてくるはずです。

1．第０段階：番組表が消える

福島第一原発での事故発生後24時間のNHKの報道をみていくと、そこでの原発事故への言及の仕方がいくつかの段階にわかれて進展していっていることがわかります。ここではその進展を５つの段階にわけ、順番に分析をすすめていこうと思います。ただそれに先だち、原発事故への言及がはじまる前の、大震災発生によって引き起こされた第ゼロ段階について説明します。

ふだんのテレビ番組は、前もって予定された番組表にしたがって放送されます。ひとつの番組が終わるとつぎの番組がはじまり、そしてまたつぎの番組がはじまる、という風に際限なく番組がつづいてきます。日常の時間のながれは、これらひとつひとつの番組ごとに区切られていくわけです。しかし番組表は、重大なできごとが起こったときには急きょ変更をくわえられます。放送されていた番組が中断され、画面が報道のスタジオに切り替わって緊急ニュースが放送されるという場面は、それほど多くはないにしてもときおり見られます。ここで重要なのは、緊急ニュースの内容以前に、通常の番組が中断されるという事態そのものから、わたしたちが「なにか重大なことが起

こっている」というメッセージを受け取るという点です。テレビが番組表どおりに放送されている、という状態そのものが日常の一部をなしているので、番組表の中断はそれだけで日常の中断を意味するのです。そしてそこで中断された日常は、緊急ニュースが終わり、番組表どおりの放送が再開されることで回復されます。以降、一時的に緊急ニュースで扱われたできごとは、通常のニュース番組という枠組みのなかで処理されることになります。いつも決まった時間に放送されるニュース番組のなかで扱われるできごとは、それがどれほど大きなニュースであったとしても、あくまでも日常の一部として消化されていきます。

東日本大震災発生後のテレビに生じたのは、番組表がぜんぶ消えてしまう、というできごとでした。地震発生直後から、すべての局が通常放送をとりやめ緊急の報道体制をとりました。そこで放送されたのは、特定の番組名をつけられ、ある時間にはじまってある時間におわる番組ではなく、いまなにが起こっているのか、これからなにが起こるのかをひたすら伝えつづけるという行為でした。３月11日金曜日の14時46分頃からはじまったこの状態がようやく落ちつきはじめ、特定のセットで飾られたスタジオでの番組が再開されたのは、週が明けた３月14日月曜日の朝８時頃のことでした。その間、約80時間にわたってテレビは番組表を完全にうしないました。そしてひとびとの日常の感覚は、テレビで放送されている内容がどうであるかという以前に、番組表がなくなるというテレビの形式のレベルで深く動揺せざるをえなかったのです。

2. 第一段階：ことばの語りと映像による提示の関係性が乱れる

通常のニュース番組は、あらかじめ用意されたニュース原稿にしたがってすすめられます。ニュース原稿に書かれたことばが番組を進行させ、映像は、このことばによる語りにしたがう形で対象を提示します。アナウンサーが

「つぎは〜〜のニュースです」とこれからの進行を予告すると、それに応じてつぎのニュースで扱われる映像が映し出される、というのがニュースにおけることばと映像の関係の一般的な文法です。ここではことばがいわばオーケストラの指揮棒の役割をはたし、その指揮にしたがうようにそのつど必要な映像が呼び出されるわけです。

しかし非常事態時には、この一般的な文法はしばしば乱れます。東日本大震災発生後、NHK が福島第一原発について最初に言及した際の報道には、この文法の乱れをはっきりとみてとることができます。NHK がはじめて福島第一原発に言及したのは、3月11日の16時30分ごろのことです。津波の映像を背景に、専門家が被災地域の視聴者に避難を呼びかけているなか、とつじょ画面が切り替わり、地震で揺れる福島第一原発を映す定点カメラの映像が飛び込んできます。しかしその後も、福島第一原発の映像を背景にしたまま専門家が避難を呼びかけつづける時間がつづき、10秒ほど経ってからようやくアナウンサーが「こちらは福島県の富岡町の現在の様子です」と語りを入れます。ここには、ことばが映像を指揮するという通常のニュースの文法が乱れ、映像がさきに飛び込んできて、それから少し経ってからことばの語りが説明を入れる、という事態があらわれています。この後の16時47分頃の十条通報(1)、18時19分頃と19時47分ごろの十五条通報(2)に関する報道の際も、津波や地震被害といった無関係な映像を背景に原発事故についての言及が行なわれる、ということばの語りと映像による提示の関係の乱れがつづきます。

通常のニュース文法の乱れは、番組表が消えてしまうのとはまた別のレベルで、ふだんとはちがうことが起きているという印象を視聴者に与え、このことによって不安を呼び起こします。日常のコミュニケーションでも、「安心してください」というメッセージを発しているひとが明らかに慌てたり取りみだしたりしていると、そのメッセージの受け手は不安を感じます。だれかを安心させる、というコミュニケーションを成功させるためには、なにを

伝えるかというメッセージの内容以上に、それをどのように伝えるのか、というメッセージの伝達形式が重要となるのです。

3．第二段階：語りが平常化を試みる

11日の夕方から夜にかけてのNHKの報道をみていくと、ニュースの文法の乱れをなんとか元に戻して平常どおりの語りを回復させようと試みつづける様子を見てとることができます。19時50分ごろから、枝野官房長官（当時）による記者会見がはじまります。落ち着いた調子でゆっくりと丁寧に状況を説明していくその語り口は、つよい不安を覚えていたひとびとに安心を与えるもので、ひろく歓迎されました(3)。この会見の内容を振りかえる形で19時55分頃からスタジオでの原発報道が行なわれるのですが、ここではアナウンサーも意識的にゆっくりと話し、また原発についての言及に合わせて背景に原発の資料映像が流れされる、という風に通常のニュースの文法も一時的に回復しています。視聴者に安心を与えようとするメッセージの内容にまるで合わせるように、ニュースを伝達する形式も平常のかたちを取り戻しているのです。

しかしその後、21時56分頃に大きく状況が変わります。枝野官房長官がふたたび会見を開き、福島第一原発から半径３キロ以内の住民に避難指示を出します。この会見を受け、スタジオからアナウンサーが避難指示の内容を繰りかえすのですが、そこには明らかにそれまでとは異なる緊迫感がみちています。ニュース原稿を要求する男性アナウンサーの慌てた身ぶりが画面に映り込み、はげしく紙をめくる音がマイクに拾われ、女性アナウンサーが通常よりも明らかに早口になって避難指示のニュースを伝えはじめます。この箇所では、原発近辺の住民の避難が必要になった、という不安をよぶニュースのメッセージ内容に呼応するように、メッセージ伝達の形式でもふたたび乱れを見てとることができます。さらにここでは、アナウンサーによるきわめ

(27)

て例外的なコミュニケーション行為もあらわれています。当初、アナウンサーはつぎのようにニュースを伝えていました。

枝野官房長官は午後10時前に記者会見をしまして、東京電力の福島第一原子力発電所の、半径３キロ以内の住民に対し、避難指示を出したことを明らかにしました。

この語りは、枝野官房長官が避難指示を出した、という「事実」を伝えるものです。しかしその少しあとに、アナウンサーはつぎのように避難指示を伝えます。

福島第一原子力発電所の半径３キロ以内の住民の方、避難指示が出ました。半径３キロ以内の住民の方、避難指示が出ました。

この語りは、政府が避難指示を出したという「事実」を伝えるものではありません。ここでアナウンサーが行なっているのは、「半径３キロ以内の住民」という特定のひとびとに向けて避難を呼びかける働きかけという「行為」です。原発事故に関してアナウンサーがこのような働きかけを行なうのは、少なくとも本章であつかう24時間のなかではここが唯一の箇所です。原発事故がより重大な局面を迎えることによって、ニュースの語りのあり方もまたこのように変化します。そしてこの変化は、視聴者の不安に直結するものです。しかしここに見られた極度の緊迫感は、すくなくともテレビ画面上からはすぐに姿を消します。22時46分頃、政府による避難指示についてあらためて伝えるアナウンサーの口調は平静を取り戻しており、その語りの形式も、政府による避難指示という「事実」を客観的に伝えるものに戻っています。実際の語りをみてみましょう。

政府は福島第一原子力発電所について、原子力対策特別措置法に基づいて、原子力緊急事態宣言を発表しました。これを受けまして、午後９時23分に、半径３キロメートルにいる大熊町と双葉町の住民に対し、念のため避難するよう、また３キロから10キロの範囲では屋内に退避するよう指示しました。枝野官房長官によりますと、現在、放射性物質は原子炉の外に漏れておらず、いまの時点で環境への影響はないとして、今回の避難などの指示は念のためのものだということです。

この語りは、避難指示が「念のため」であるということを繰りかえし強調しており、視聴者に安心を与えようとしていることがよくわかると思います。

平常時のニュース番組では、ニュースの文法どおりにできごとが語られるのはあまりに当たり前のことで、とくにそのことが意識されることはありません。しかし原発事故を報じる非常事態時のニュース報道が、視聴者に安心を与えるメッセージを発信しようとする際に繰りかえしニュースの文法を回復しようとしていく様子をみていくと、このニュースの文法そのものがわたしたちの日常の安定性や安心を保つ際に大きな役割を果たしている、ということが見えてくるのです。

４．第三段階：映像自体が事故を伝えはじめる

３月11日の深夜の時間帯に入ると、新しいニュースが入ってこないせいか、それまでに伝えられた内容が繰りかえされていく、という状態がつづきます。変化が起きるのは翌12日の朝６時52分ごろです。ヘリコプターが福島第一原発の近くにまで（とはいいながら十分に距離を取ったうえで(4)）接近して撮影した空撮映像が流されはじめるのです。ここから、アナウンサーや解説者によることばによる語りと、映像による福島第一原発の提示との関係が大きく

変わっていくことになります。

空撮映像がつかわれるようになるまでは、原発事故についてアナウンサーが語る際には福島第一原発の事故前の資料映像が同時に流されていました。しかし、事故発生前の資料映像と事故発生後の空撮映像とでは、おなじ福島第一原発の映像ではありながら、まったく性格が異なります。というのも、資料映像が福島第一原発という施設を指し示すものであるのに対し、事故発生後の映像は、それ自体がいまそこで起こりつつあるできごとを提示するものでもあるからです。それゆえ視聴者は、アナウンサーが説明しようとしていることと、映像が提示することとの両方に注意を向けることになります。おそらく実際は、語られることばよりも、事故後の福島第一原発の姿をありのままに映し出す映像の方がよりつよく視聴者の注意を引きつけたことでしょう。百聞は一見に如かずです。そしてカメラも、視聴者の注意をより引きつけるように、くりかえし福島第一原発の原子炉建屋にズームしていきます。

ちなみに非常に興味ぶかいことに、テレビで流された空撮映像は生中継ではありませんでした。6時52分ごろに流された映像は、その20分ほどまえの6時半ごろに撮影されたもので、7時45分頃に流された映像はその45分ほどまえの7時ごろに撮影されたものです。まちがいなくヘリコプターは福島第一原発の周辺を飛行し撮影をつづけていたと思われますが、なぜかテレビ局は映像を生中継でつなぐことをせず、その少しまえの映像を流すという選択をとりつづけました。起こっているできごとを「伝える」という点では、録画された映像よりも生中継で流される映像の方がより直接的であるにもかかわらず、です。その理由を想像するならば、つぎの瞬間になにが映ってしまうかわからない映像を映しつづけることをテレビ局は避けたのかもしれません。時系列的にはもうすこし後のことになりますが、1号機の原子炉建屋が水素爆発を起こした場面が生中継で放送されることはありませんでした。

5．第四段階：映像が語りに対して優位に立ちはじめる

空撮映像が流されるようになってからは、ことばによる語りと映像による提示とがそれぞれ原発事故について伝えていく、という状況がしばらくつづきました。しかしこのバランスはしだいに崩れていきます。朝の時点では、福島第一原発を映し出すカメラのズームの動きは、１号機から４号機までの全体を映し出せる範囲で行なわれていました。しかし12時をすぎたころからズームの動きが大きくなり、原子炉建屋一基ごとに焦点を当ててズームを繰りかえしていくようになります。

図１　3月12日12時13分ごろのNHKの映像

このカメラの動きは、視聴者の注意をよりつよく映像に映し出された建物に差し向けていくことになります。ことばによる語りに対して、映像による提示がより大きな存在感を示していくようになるのです。

この傾向はどんどん強まっていき、ある時点で決定的な一線を超えることになります。14時16分ごろ、放射性物質であるセシウムが検出されたことから、福島第一原発の炉心の核燃料が溶け出たと思われることが報道されます。これを伝えるアナウンサーの語りの背景には、海側から空撮された福島第一原発の姿が映しだされています。この時点まで、アナウンサーや解説委員は、自分たちの語りの背景で映しだされている原発の映像について言及することはありませんでした。ことばによる語りと映像による提示は、いわばそれぞれ独立して視聴者に差し出されていたのです。しかしこの箇所ではじめて、アナウンサーが画面に映し出された原発の映像について言及しはじめます。

えー山崎さん、いまテレビの画面で福島第一原発の様子が写って

(31)

いますが、向かって一番右側が一号機ですね。一、二、三、四つの建物が見えますけども、向かって一番右側が、大津波警報の、見えてきました、これが一号機ですね

ここでのアナウンサーの語りは、あらかじめ用意されたニュース原稿を読んでいるわけではなく、画面に映しだされている映像を見ながら、その場で語られているものであると思われます。語りのことばづかいも、文章で構成されたものではなく、口語調になっています。さらにこの語りのなかには、「これが」という指示詞が含まれています。「指示詞」というのは、「これ」とか「あれ」のような、話し手との関係性においてなにかを指し示すことばです。上の語りでは、話し手であるアナウンサーとそれを聞いている視聴者がおなじ映像を見ているという状況を前提として、「これ」という指示詞が機能しています。この箇所では、ことばが映像を指揮するという通常のニュースの文法が逆転して、映しだされている映像から出発することでことばが語り出される、という事態が生じています。

炉心内の核燃料が溶け出す、というまったく想定されていなかった事態が生じ、そこで起こっていることをしっかりと説明できることばが存在しないときにも、映像は目の前に存在するものを映しだしつづけます。ことばは理解不能なものを説明することはできませんが、映像は理解不能なものでも映しだすことができます。原発事故の深刻さが想像を超えつつあることが次第にわかっていくなかで、ニュース報道においてことばが映像に凌駕されはじめていくのです。このことは同時に、世界で起こっていることをわかりやすく説明することで視聴者が消化できるようにする、というニュースの機能が破綻しつつあることを意味するものです。

6．第五段階：アナウンサーが実況中継をはじめる

核燃料の溶融が確認された約1時間半後、福島第一原発での事故発生からかぞえると約24時間が経過した3月12日の15時36分、1号機の原子炉建屋で水素爆発が起こり、建物が大破して大きな噴煙があがりました。この様子は生中継されず、爆発から1時間以上が経過した16時53分ごろになってようやく、「1号機のあたりで爆発音が聞こえたあと、煙のようなものを目撃したという情報」が伝えられはじめます。当時、だれも予想していなかった爆発という事象に直面してのニュースの伝えられ方は、あきらかに異様なものでした。

「爆発音」についてのニュースをアナウンサーが伝えるなか、背景が16時40分ごろの福島第一原発の映像、つまり水素爆発の発生後の映像に切り替わります。そこには、爆発によって骨組みだけとなってしまった1号機の原子炉建屋のすがたがはっきりと映りこんでいます。たんに映りこんでいるだけではありません。カメラは繰りかえし、骨組みだけとなった構造物に画面をズームさせていきます。しかし奇妙なことに、アナウンサーはまちがいなく目に入っているはずのこの骨組みだけの構造物には一言もふれません。視聴者は、あきらかに深刻なできごとが起こったことを示す映像をみせられながら、それについてはなにひとつ説明されない、という不安な状況に置かれます。この奇妙な沈黙が、10分以上もつづくことになります。

17時5分ごろ、アナウンサーがようやく意を決したように「この映像から読み取れることはありますか？」とスタジオにいるふたりの専門家に質問を投げかけます。しかし専門家はふたりとも、骨組みだけとなった1号機に触れようとしません。そこでアナウンサーはさらに「鉄骨の構造が見えているんですが」とより直接的な質問を投げかけるのですが、これに対して専門家は「ちょっとよくわかりません」という要領を得ない返事をかえすことしかできません。スタジオの専門家は、いま起きているできごとについて解説す

るという役割を与えられているわけですが、裏返せば、解説不能のできごとを目の前にするとなにもできなくなるのでしょう。

理解を超えたできごとを前にしてことばをうしなってしまう、というこの状況を打開したのは映像でした。唐突に、骨組みだけとなった１号機の映像のしたに、水素爆発が生じる前の午前中の1号機の映像が並べられます。それを受けてアナウンサーが、爆発前と爆発後の映像の比較をはじめます。実際のことばを見てみましょう。

いま、小さく四角のなかに映っているのが、午前中の映像です。比べてみますと、画面の一番左に見えています、この建物が、明らかに、外壁が、なくなっていると、いうことがこの画面から読み取れます。

図2　3月12日17時6分ごろのNHKの映像

ここでアナウンサーは、画面に映っているものを説明するという形をとることで、深刻な事態が生じていることを伝えはじめます。つづいて画面が上下に分割され、上部に午前中の爆発前の映像、下部に爆発後の16時半ごろの映像が並べられます。

この比較映像を受けてアナウンサーはあらためて語りはじめるのですが、その語り口は、ニュースアナウンサーの通常の語りとはまったく別のものとなっています。こちらも実際のことばを見てみましょう。

上下で比べてみますと、この、四つの四角い建物が並んでいますが、一番左側の建物、上と下で比べてみますと、外壁が、なくな

っているように見えます。構造体、骨組みが見えているのが、下、午後四時半現在の映像です。福島第一原子力発電所の映像です。福島県の太平洋側にあります。大熊町と双葉町にまたがるところにあります。福島、第一原子力発電所の映像です。いま、上に映っているのが、午前中の、今日午前中の様子です。そして下が、午後四時半時点です。

この語りには、ニュース原稿にはけっして現われることのない特徴をはっきりと見てとることができます。繰りかえしが多く、それぞれが短い文からなりたっているこの語りは、目の前で起こっていることを即興で語っていく実況中継の語りに近いものです。映しだされている映像は録画映像ですが、ここではアナウンサーは、映像が映しだしているものを実況中継しているのです。

実況中継という語りの形式が求められるのは、つぎの瞬間になにが起こるかわからない進行形のできごとについて語られるときです。スポーツの実況中継がその代表例であるでしょう。原子力発電所の建物が爆発する、という理解不可能な事態が生じ、起こっているできごとを説明できることばがどこにも見つからなくなったときに、実況中継という語りの形式が登場したのはある意味必然であるのかもしれません。そして実況中継の語りが姿をあらわしたこの場面は、視聴者の不安が最高潮に高まった瞬間でもあります。目の前で起こっていることをひたすらに描写していく実況中継は、解説のように、起こっているできごとを理解可能にしてくれるものではありません。ここでの実況中継は、ほかに語れることがなにもなくなってしまったから登場したものであり、その語りは、理解不能になってしまった世界をほとんどそのままの形で視聴者に届けることしかできません。これが、日常の感覚をつくるという機能をほぼ完全に喪失してしまった瞬間のテレビの姿でした。

7. まとめ

以上、NHKのニュース報道を素材として、震災発生後の原発事故への言及がどのようになされていたのかを、とくにことばによる語りと映像による提示との関係性という観点からみてきました。そこに見られたのは、事態が深刻さをどんどんと増していくにつれて、起こっているできごとを説明しようとすることばが無力化していき、カメラがとらえる映像そのものの存在感がことばを圧倒していく、という動きでした。その結果としてひとびとは、いまなにが起こっているのか、これからなにが起こるかがまったく理解できないという状況に放りだされることになったのです。このメディア的状況は、ひとびとの日常の感覚を根本的にうしなわせてしまうものです。

日常の生活は、さまざまな連続性によってなりたっています。今日は昨日のつづきとしてあり、そして今日のつづきとして明日がある。そのことを疑わないでいられるということが、わたしたちが日常を生きていることの前提条件です。もちろん日常のなかでもいろいろな変化は生じますが、それらはみなゆるやかで、かなりのていど予測可能なものです。この日常の安定性は、わたしたちを取りかこむ環境そのものが一定以上の安定性を保っていること、より正確にいうならば、その安定性にわたしたちが信頼をもっていることと不可分に結びついています。まわりの環境が安定していると信じられるから、そこで生きるわたしたちも安心して日常生活を送ることができるわけです。ここで重要なのは、環境の安定性についてのわたしたちの信頼が構築されるに際しては、わたしたちと世界とをつなぐさまざまなメディアが大きな役割を果たしている、という点です。テレビは、それらのメディアのなかでももっとも大きな影響力をもっているメディアであるといえるでしょう。そして原発事故後のニュース報道、とくに事態が深刻化してからの報道は、世界の安定性を視聴者に確認させることに完全に失敗していました。

もちろん、実際に未曾有のできごとが起こってしまったわけですから、テ

レビがいつもどおりの世界を視聴者に提供することができなかったのは当然のことではあります。しかし、事故後の報道を段階にわけて詳しくみていくと、そのなかでも、起こりつつあるできごとをどうにかしていつものニュースの語りの文法で扱おうと繰りかえし努力している様子がみてとれました。いつもどおりのニュースの枠組み、いつもどおりのニュースの文法は、世界をいつもどおりのものとして視聴者に提示するための基本的な形式です。いつもどおりの世界においては、このことがとくに意識されることはありません。メガネをかけて世界をみているときには、メガネの存在が忘れられるのと同じことです。しかし、世界の安定性が根本から動揺するという深刻な事態に直面することで、ふだんは透明になってしまっているテレビの役割が目に見えるかたちで浮かび上がってきたのです。

今回はとくにテレビというメディアに着目しましたが、わたしたちの日常をつくっているメディアはテレビだけではありません。さまざまなメディアがそれぞれのやりかたで、意識されることもないままにわたしたちの日常の基礎をつくりあげています。このことは、それらのメディアが「故障」したときにとつじょ気づかれるのです。しかし、ふだんは透明になっているメディアの存在とその役割に気づかせてくれるのは「故障」だけではありません。メディアについて考えるための学問的な枠組みであるメディア論は、「故障」を待たなくてもメディアに目を向けそれについて考えるための方法を与えてくれます。メディア論は、日常のなかで透明になっているメディアの存在を目に見えるようにする、特別なメガネのようなものなのです。みなさんもぜひ、この特別なメガネをかけて身の回りを見まわし、いろいろなメディアのふだんは目に見えなくなっている側面を発見してみてください。

【注釈】

（1）　原子力災害対策特別措置法第10条に基づき、基準以上の放射線量が検出された場合などに主務大臣や所在都道府県知事などに通報すること。

（2） 原子力災害対策特別措置法第15条にもとづき、国に「緊急事態」を知らせる通報。内閣総理大臣はこの通報を受けた場合には、直ちに「原子力緊急事態宣言」を公示する。

（3） 実際にはそこで語られた内容は事実を正確に伝えるものではなかったが、そのときの人びとを安心させる、ということを目的としたコミュニケーションとしては、その語り口は上手く機能した。その是非は別途判断される必要がある。

（4） 12日の朝５時44分、政府は福島第一原発から10キロ以内の住民に避難指示を出している。

映像と空間をめぐる関係性の現在

——地図のなかの空間イメージとその技術的変容を考える——

◇文学部　都市文化デザイン学科　松本　健太郎 *Kentaro Matsumoto*

はじめに

ぼくらはふだん、ある地域、ある都市のイメージをどんなふうに想像したり、解釈したりしているでしょうか。近年、社会的なブームになっている「聖地巡礼」なる現象を考えてみましょう。もちろん、ここでいう「聖地巡礼」とは、従来の意味におけるそれ、つまり神社仏閣を聖地として訪ねあるく宗教的な行為ではなく、マンガやアニメなどの作品の舞台となった場所を訪ねあるくファンたちの行為です。現在、アニメや漫画などのサブカルチャー的な表象空間、いわゆる「二次元」とよばれる虚構世界がぼくらの現実世界、すなわち「三次元」の物理空間に対して行使する影響力はますます増大しつつあるように感じられます。「聖地巡礼」だけでなく、なにかと話題になっている「ご当地キャラ」といった流行語も、昨今のキャラクタービジネスの追い風をうけながら、町おこしや地域振興にひと役かっている実情があります。

わかりやすくいえば「二次元が三次元」に介入するという事態——これは昨今、メディアと現実との関係がますます錯綜したものになりつつあること

の証左なのかもしれません。じっさい、ぼくらは（油絵の）キャンバス、（写真の）印画紙、（映画の）スクリーン、（パソコンの）モニター、（スマートフォンの）タッチパネルなど、さまざまな映像を表象する二次元の、それらのほとんどは長方形の、四角いフレームに日々かこまれて生活しています。そして、それらの映像メディアを“情報の窓”として活用しながら、他者についての、あるいは世界についての情報を得ようとしています（ぼくらが一日のうちどれほどの時間を映像との接触に費やしているのか、ちょっと思い返してみてください）。見方によっては、テレビにしても、パソコンにしても、スマートフォンにしても、それらの映像メディアを欠いては、現代人の世界認識は成立しえないともいいうると思われるのです。

ところで、ぼくらはそれらの画面の向こう側に、ある種の“空間性”を感じとりながら生きています。ここではパソコンのモニターと、その先に認知される空間のひろがりを想像してみましょう。フィクション研究者の河田学が言及する事例を参照してみると、ぼくらは「ホームページを閲覧することを指して『……のサイトに行く』というような表現を違和感なく口に」しますが、「実際にはコンピュータの前に座っていたり、手のひらのうえでスマートフォンを操作したりしているだけであるにもかかわらず、サイトに行くという空間内の移動を表す表現を使う」わけです（河田，2015：50）。あるいは、そもそも「『サイト』という表現もまた、この語が本来敷地、用地などを表す語であることを思いだせば、これもやはり空間にかかわるもの」だといえるわけですし、また、「インターネット上の情報の総体をさして「サイバースペース」というが、スペースとは文字どおり空間のこと」だともいえるわけです（同書：50～51）。これらの隠喩的な表現が示唆するとおり、ぼくらはインターネットにアクセスする際、モニターやタッチパネルに表象される二次元的な映像を介して、その向こう側に空間的なひろがりを感知している、と捉えることができるでしょう。

もちろんインターネットの空間性といっても、それは物理的には存在しない、いわば「虚構的な空間」に他なりません。ただその一方で、それが現実の空間にますます介入しつつあることも確かなのです。その顕著な事例として指摘できるのは、2016年にリリースされた位置情報ゲームアプリ「ポケモン GO」ではないでしょうか。当時の混乱をまだ覚えているという人も多いと思いますが、それはリリース以降しばらく、マスメディアを通じて世間の耳目を集め、結果的に、さまざまな現象／問題を引き起こすに至ったのです。

当時どのような社会問題が話題にのぼったかというと、たとえばプレイヤーが立ち入り禁止区域に侵入する、自動車の運転中にプレイする、「歩きスマホ」が急増する、などといったニュースなどでした。たしかにポケモン GO をプレイするとき、ぼくらはスマホの画面に表象されるポケモンたちに意識を奪われ、そのフレームの外側がみえなくなるほど集中してしまうことがあります。そのため社会の様々な領域で、二次元の仮想空間と、三次元の現実空間との軋轢が生じたわけです。

小さなポケモンたちは、むろんそれが架空のものであり、たんなる「記号的な存在」でしかないにもかかわらず、現実社会における空間認識におおきな影響をおよぼしたといえるでしょう。また映像と空間との関係性ということでいうなら、ぼくらはポケモン GO のプレイ中、画面に表象される主人公をいわば“アバター”として認知しながら、あるいは逐一、インターネットと GPS に紐づけられたその挙動を視認しながら、デジタル地図との関係のなかで現実での自己の移動経路を選択することになります。そして、その一連の過程によって感知される地理的空間のイメージは、当然それをプレイしていない状況で感知されるものとはまったく異なるものになるはずです。

スマートフォンをはじめとするデジタルデバイスの発達によって、映像と空間をめぐる既存の関係性や、さらには都市空間のイメージはどのように組み変わっていくのでしょうか。本稿では記号論やメディア論など、いくつか

の学問分野の考え方を援用しながら、そしてまた（Googleマップや Googleストリートビューを題材に）「地図」とその今日における変容に着眼しながら、これらの問題を考察していくことになります。

1．「記号」と「メディア」から考える地図

考えてもみれば、地図は空間把握のための「メディア」（媒介物・中間物）でもありえますし、また、そのための「記号」（代理物）でもありえます。というのも、このうち前者に関連していえば、地図とはそれをみる人が現実の地理的空間を把握するために必要とする媒介物、すなわち人間と空間とを仲立ちする「メディア」[1]だといえるわけですし、また後者に関連していえば、地図とは現実の地理を代理的に表象する「記号」[2]だといえるわけです。

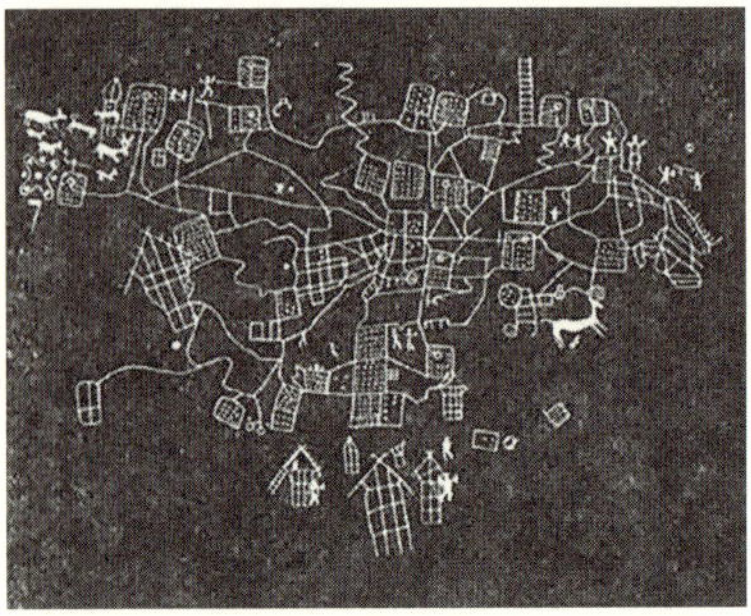
（画像１） 先史時代の地図（織田，1973：17）

地図の歴史は文字のそれよりも古いともいわれますが、先史時代の地図の一例として、北イタリアのアルプス山麓で発見された紀元前1500年頃のものをとりあげてみましょう（画像１）。この地図には、ある集落の地理的空間を構成している道、建物、畑などの各要素の他に、人物や動物の姿も描き込まれています。むろん、この大昔の地図は、現代を生きるぼくらが普段から目にするもののような客観性や精確性をそなえているわけではありません。しかしそれは見方によっては、当時の人々の空間解釈の痕跡を反映するものとして捉えることもできるでしょう。

ぼくらが空間のなかを生きるということは、たんに空間内の特定の位置を占めるということではありません。むしろぼくらは身のまわりの空間に対してたえず解釈の眼差しを向けながら、周囲の環境について意味づけをおこな

い、その不断のプロセスをつうじて形成された意味空間のなかで、自らの位置を把握していくのです。その限りにおいて、地図とはある特定の地理的空間に対する人為的な解釈、および記号化＝意味化の痕跡を表象したものである、といえるでしょう。

2. 意味空間としての都市と、そのイメージの変容

ぼくたちは、たとえばある都市の姿を思い浮かべるとき、どのようなメカニズムのなかでその作業を遂行しているのでしょうか。都市のイメージャビリティ（イメージ喚起性）を論じるケヴィン・リンチは、都市のイメージ構造を成立させる諸要素として①街路・運河・鉄道などの「通路」(path)、②地域を隔離し移動を遮る海岸線や城壁などの「境」(edge)、③駅や交差点など都市の主要な場所である「結び目」(node)、④一貫したアイデンティティをもった空間的広がりを指す「区域」(district)、⑤ひときわ目立つ塔や山などである「目印」(landmark) の五点をあげています。東京の、たとえば新宿のような街を想起するとき、ぼくらは靖国通り（通路）や新宿駅（結び目）、あるいは都庁舎（目印）のような幾つかの要素の総和によってそれをイメージするわけです。ただし、それらの各要素によって、心的表象の水準で織りなされた地図は、客観的にみて正確なものとは言い難いところがあります。というのも（「通路」や「目印」などに加えて「人物」や「動物」の姿をも含んでいる先史時代の地図のように）それはたぶんに想像的な要素を含んでいるからです。

都市のイメージをめぐる想像的な要素――これを考えるうえで、地理学者ピーター・グールドが提起した「メンタルマップ」という概念が参考になるかもしれません。それは、たとえば「５万分の１の地形図や縮尺に基づいて描かれる道路地図などの、いわゆる客観的に正しいと認識されている地図とは異なり、一人ひとりの人間の精神のなかに構成されている地図のようなも

の」として説明されます（中村・岡本, 1993: iii)。ちなみに「メンタルマップ」という言葉によって、心のなかの地図を外在化させた手書きのものを指す場合もありますが、そこには客観的な地図、すなわち地理学的地図にはない特徴が含まれています。たとえば自らが住んでいる地域に関しては情報量が多いのに対して、そこから遠い地域に関しては情報が欠けていたり、あるいは実際には等距離なのにメンタルマップのなかではそれが歪んでいたり、といった具合です（東京都内をめぐる山手線は、実際には南北に長い楕円形をなしていますが、メンタルマップのなかでは東西方向に引き伸ばされ、円形に近い形状として、歪んで想起されるケースがあることを考えてみてください)。

ともあれリンチが『都市のイメージ』を刊行したのは今から半世紀以上も前、すなわち1960年のことですが、ぼくら現代人がいだくメンタルマップの構成原理は、当時のそれとは多少なりとも変化しつつあるのではないでしょうか。たとえばぼくらは今日、物理的に建築されたランドマークの代わりに、記号的に表象された「ご当地キャラ」を介してある都市を、または、ある地域をイメージしたりします。あるいは先述の「聖地巡礼」もまた、アニメや漫画などのサブカルチャー的なイマジネーションが現実社会を侵食しつつあることの証左かもしれません。このように、ぼくらの空間認識のプロセスに何らかの映像表象やメディア・テクノロジーが干渉する契機は、今では従来よりも格段に増加しつつあると思われるのです。

3.「見わたす地図」から「導く地図」へ

記号としての／メディアとしての地図の機能は、いま大きく変わりつつある印象があります。それは松岡慧祐の言葉を借りるならば、「見わたす地図」から「導く地図」への移行として理解することができるでしょう。

実際、グーグルマップに付加されていくのは、その多くが、世

界を全体として見わたすためではなく、それぞれのユーザーが「いま・ここ」についての最適な情報を引きだし、そのユーザーを目的地に導くためのきわめて実用的な機能である。自分が必要とするローカルな情報にピンポイントでアクセスできる検索機能、GPSによって現在地を探知しながら目的地へのルートを示してくれるナビ機能をはじめ、グーグルマップは人々の生活や活動、とりわけ「身体の移動」という基本的な行動に役立つ技術を発達させ、スマホと融合することでユーザー数を伸ばし、多くの人々の日常に急速に浸透してきた（松岡，2016：128）。

昨今、ユーザーの行為を「導く地図」が台頭しつつある背景には、GPSを前提に自己を中心化した地図を自動的に表示させる技術、いわゆる「エゴセントリック・マッピング」の普及があるといえます。松岡が論及するように「GPSが搭載された地図では、その普遍的な視点が特定の個人を照準するように設定されている。それによって人間は初めて地図のなかに入りこみ、地図上の点としてみずからを表象できるようになった。つまり、わたしたちは地図を外から『見る』だけでなく、地図のなかに『居る』ことができるようになったのだ。そして、GPSは『わたし』のために、『わたし』の動きに合わせて、その点を動かす。同時に、ディスプレイも『わたし』を表象する点を追いかけるように動いてくれるのである」（同書：72～73）。ともあれユーザーの「いま・ここ」に最適化され、必要とされる情報をそのつど提供してくれるデジタル地図によって、「わたし」が認知するもの、「わたし」が思考するもの、「わたし」が欲望するものは刻々と枠づけられながら更新されていくわけです。そして、そのような新種の地図との関係性のなかで、知らず知らずのうちに「わたし」の存在が制約されてしまうという状況は、ぼくらの日常の至るところで散見される事態なのではないでしょうか。そしても

ちろん、GPS機能を前提としているという点では、先述のポケモンGOは、人間とデジタル地図との現代的な関係性を考察するための格好の事例になりうるわけです。

4．デジタル地図に紐づけられた身体

Googleマップをはじめ、スマートフォンにも組み込まれている地理情報システム（GIS）は、もはやモバイルメディアに不可欠な機能だといっても過言ではありません。じっさいにぼくらは現在、さまざまなアプリとともにGISを使用しています。たとえば「食べログ」という口コミ情報のデータベースを閲覧できるグルメサイトの場合、そのアプリを使って発見した高評価のレストランに足を運ぼうとするとき、ぼくらはそれと連携するデジタル地図の上で現在地と店舗の位置関係を見定め、ちらちらと画面を目視しながら自らを目的地へと誘導することになります。ここでユーザーは、スマートフォンを介して自己と世界との物理的な位置関係を制御しようと試みるわけです。

これは、ほんの一例にすぎません。GoogleマップのようなGIS、あるいはデジタル地図は、日常生活の至るところに侵入し、ぼくらが世界を認識するための、あるいは、ぼくらと世界とを媒介するための重要な「媒介物＝メディア」と化している感があります。さらにぼくらは、それらの地図上で記号的に表象される都市や地域の地理的形状を参照しながら、それとの関連のなかで、現実世界における空間イメージを獲得するわけです。

本稿では、デジタル地図と身体との今日的な関係性を把捉するために、Googleストリートビュー（以下ではGSVと略記）を分析の俎上に載せてみましょう。それはGoogleマップもしくはGoogle Earthと連携したインターネットサービスであり、道路上のある地点から撮影されたパノラマ写真の閲覧を可能にするものだと整理することができます。デジタル地図を自在に拡大

／縮小することで、地上を見おろす俯瞰的な視座を提供するものがGoogleマップだとすれば、他方でGSVのほうは、ユーザーが選択した特定の地点からの仰観的な視座を提供するものだといえるでしょう。これらマップとストリートビューの双方を組み合わせることにより、俯瞰と仰観、あるいはメタレベルとオブジェクトレベルの往還運動を、ぼくらはモニター上で容易に疑似体験できるようになりました。ちなみに既述の「エゴセントリック・マッピング」に関連づけていえば、このGSVもまた「地図のなかに入りこむ」あるいは「地図のなかに『居る』」という感覚を人工的に合成することにより、人間と空間との関係性を再編する技術である、ともいえます。そして、その“GSVに対する没入の錯視”は、近年では様々なアーティストにインスピレーションを与える源泉にもなっています。

ひとつ典型的な事例をあげてみましょう。group_inouによる「EYE」は、第20回文化庁メディア芸術祭においてエンターテインメント部門新人賞を受賞したミュージックビデオですが、当該作品ではメンバーの２人が彼らの曲にあわせて、ストリートビューの空間を駆け抜けていく連続的なプロセスが表象されています。その贈賞理由を紹介するサイトでは「世界中で撮影された膨大な量の画像をもとに、インターネット上に再構築された『視点』の連続をキャプチャーして映像化している。本曲が収められたgroup_inouのアルバム『MAP』にちなんだこの作品は、数々のデジタル・ツールを駆使して徹底的に効率化する過程と、一コマずつ緻密につくりこむ過程の両方によって制作されている」(3) と解説されていますが、本作品ではメンバーの二人の姿が画面中央に表示される一方で、GSV内の風景が彼らの背後で高速で流れていくことにより、現実にはありえないほどの速度で彼らが道路／経路を移動していくかのように錯視される、疾走感のある動画ができあがっています。これもまさに彼らの存在がエゴセントリックに中心化されることで、地図と連携したシミュレーション空間のなかに「入りこむ」ないしは「居る」

(47)

という感覚が、それをみる者にも共有される仕掛けになっているわけです。

5．デジタル時代における写真の変容

フランスの記号学者として高名であったロラン・バルトは、写真というメディウムの精髄を「それは＝かつて＝あった」という短い言葉によって表現しましたが、たしかに写真とは被写体（＝それ）が撮影の瞬間（＝かつて）、レンズの前に実在した（＝あった）という事実を客観的に証明するものといえるでしょう。写真とはいわば“光の痕跡”であって、それが撮影の瞬間の時間性と不可分に結びついているからこそ、バルトは写真という記録メディアを、換言すれば、時間を超えて「過去の現実」を表象する機能をもったその媒体を、「ものをみる時計」として表現したわけです。

いうまでもないことですが、従来的にはそのように語りえた写真も、アナログからデジタルの段階へと移行するにつれて、その表現形式としての、あるいは、そのメディアとしての特性は当然ながら変化していきます。実際に写真がデジタル化されるようになった今、その画像の加工・編集はいっそう容易になったともいえるし、また、Facebook や Instagram などソーシャルメディアの回路を経由して交換されるようになった今、その画像を介した新たなコミュニケーションやコミュニティが台頭するようになったともいえるでしょう。

前川修は「デジタル写真の現在」と題された論文のなかで、デジタル時代の写真をめぐる言説を、1990年代半ばに訪れたその草創期と、Web2.0以降とに大別して整理しています。以下でとりあげてみたいのは、そのうち後者、すなわち2000年代以降の言説ですが、彼はその論点を以下の３点――「①メディアの収斂とカメラの消失」「②スクリーンの肌理とフロー性」「③自動化とメタデータ」――へと大別して議論を整理しています。

まず、第一点の「①メディアの収斂とカメラの消失」に関してですが、前

川によると2001年にカメラ付き携帯電話が登場して以降、「カメラはもはやそれ自体が独立して存在するというよりも、他のデバイスに取りこまれる一機能になる」（前川，2016：10）と指摘されています。また2004年には、パソコンや携帯から写真をアップロードして共有できる「Flickr」が登場したことによって、それ以後、オンライン上のアーカイブやデータベースを前提に、「同一のスクリーン上で複数のジャンルのメディアがスペースを共有するという帰結」（同書：11）がもたらされたと言及しています。

つぎは２点目の「②スクリーンの肌理とフロー性」です。前川によると、いうまでもなくカメラが搭載された「携帯デバイスは、［明るく鮮やかな］スクリーンをデザインの主要なアピールポイントとしている」わけですが、ぼくらが指やマウスでそれを触覚的に操作するという閲覧時の行為を想起すれば、もはや「写真は単数形でそれを見る者の没入を誘うというよりも、つねに『もうひとつ』の写真へと手や指で写真を突き動かす運動を前提にしている」と説明されます。つまり、この「潜在的な複数の状態につねに開かれているという在り方」（同書：12）をふまえて、前川はデジタル写真に認められるデータの流れを「フロー」という概念によって位置づけようとしているのです。

さいごに３点目の「③自動化とメタデータ」に関してですが、デジタルカメラによる写真撮影に付随して、同時に「EXIF データ」（使用機器、シャッター速度、ISO 感度等の技術的データや、地理的位置、日付、時間等の撮影データ）が記録され、「イメージが後にウェブ空間において分類、検索、使用される際の「メタデータ」になっている」（同書：13）と指摘されます。

前川は「撮影後に即座にパソコンに取りこまれる写真や、携帯電話のスクリーン上で見られる写真は、もはやそれ自身で明瞭な境界を持たず、スクリーン上で他の映像と合流して際限ないデータの流れ（フロー）のなかの一要素になっている」（同書:11）と指摘していますが、それは、まさにデジタル・

テクノロジーが生成するシミュレーション空間、すなわちGSVにとりこまれた写真データにも該当するのではないでしょうか。実際に前川はGSVについて、それを「フローの視覚の典型例だと言ってもよいかもしれない」（同書：25）と指摘していますが、ぼくらはインターネット経由でその画像群にアクセスし、指やマウスで触覚的な操作を遂行しながら、それらをデータのフローのなかで（一枚いちまいを個別に鑑賞するのではなく、あくまでも）連続的に視認することになります。そして画像に付されたメタデータによって特定の場所にアクセスし、それが撮影された場所や時間を事後的に確認しうるのです。

6．GSVにおける時空間の編成

前節で論及したように、GSVのシミュレーション空間の内部では、写真そのもののあり方も確実に変化しつつあります。もちろん、ぼくらはGSVのなかの1枚いちまいを、バルトがいう「それは＝かつて＝あった」を反映するものとして受けとることにさほど違和感をもたないかもしれません。(4)しかしその無数の画像の集積によって成立しているGSVの画像空間は、現実世界の反映というよりは、むしろ現実世界のシミュラークルであり、その内部でぼくらは奇妙に歪んだ時空に遭遇することになります。それは、たとえば「グランド・セフト・オート」シリーズにおけるゲーム世界のような、いわゆるオープンワールドの仮想現実とも類似しているところもありますが、その成り立ちが全く異質なのです。

すでに述べたように、GSVの内部空間を構成しているのは、Google社の車載カメラがその移動経路にそって自動的に撮影した無数の写真群であり、それらの画像データの集積によって、一見すると、現実空間の似姿であるヴァーチャルな空間が画面の彼岸で組みあげられているようにみえます。ですが、その“瓜二つ”ともいえるシミュレーション空間を探索してみると容易

に気づくことですが、その内部では奇妙に歪んだ時空間が出現しているのです――端的にいえば、そこでは様々なレベルで“時間の断層”が露出している、といえるでしょう。たとえば、ある画像をクリックしてその奥に待ち受けている画像を視認するとき、一枚目には前方にうつり込んでいたオートバイが二枚目ではいきなり消えていたり、あるいは路地を左に曲がった瞬間にそれまで晴天だった空が突如として曇天に変わったり、といった具合です（つまるところ物理的に隣接している二つの場所を、別の時間帯に撮影したものがGSVの内部世界では連続しており、一枚の写真に込められた「それは＝かつて＝あった」、すなわち撮影時間の唯一性が瓦解しているのです）。

そもそも写真とは平板である、とバルトは理解していました。写真とはそこに写りこんでいるものが全てであり、その映像を深く掘り下げたり変換したりすることはできない、と彼は考えていたようです。しかしGSVの超時間的なシミュレーション空間では、画像をクリックし前進していくことで、画面のなかに入り込んでいくような、もしくは（車を運転しながら道路を疾走するドライバー視点からの動画をみるかのごとく）一枚の画像からその外部へと逃れていくような感覚が芽生えるわけです。もちろんその、いってみれば“ヴァーチャルツーリズム”は、テクノロジーが提供する錯覚でしかありません。かりに画像をクリックすることで自らの架空の視点を前進させるとしても、それはあくまでも架空の前進であり、ぼくらは２枚の画像を連続的に視認することによって、それを「自らの移動」として見立てているだけのことなのです。それは現実とは全く別のシステムにおける「移動のシミュレーション」だといえるでしょう。

バルトの見解に依拠するなら、写真とは現実を客観的に表象する透明な媒体といえますが、その集合によって成り立つGSVの「通路」では、ユーザーはあたかも“透明な画像のトンネル”を潜りぬけていくいくかのように、その限定された隘路のなかで、自らの行為の拘束性を体験することになりま

す。[5] つまり当該システムでは、空間を眼差す主体、あるいは空間を移動する主体がその画面の閲覧およびクリックという（そもそも実体験のなかでの移動にともなう労力とは無関係の）最小限のアクションをつうじて合成されるのです。

7．GSVにおけるイメージャビリティの構造

前節では、デジタル写真の集積によって形成されたGSVの空間構成を考察してきました。それでは、そのようなシミュレーション空間のなかで、ぼくらの都市空間に対するイメージ認識はどのように変容していくのでしょうか。本節ではいまいちど、都市のイメージャビリティをめぐるリンチの言説を援用しながら、この問題を分析してみたいと思います。

さて、リンチが上記の五要素を提起したのは1960年のことでしたが、その当時には存在しなかったものが2017年現在、ぼくらの空間認識には深く介入しています――つまり“エゴセントリック”なデジタル地図の台頭を考慮する必要があるのです。では、Googleマップおよび GSVの表象空間において、リンチのいう諸要素がどのように描出されているか、具体的な事例とともに検討してみましょう。

まずリンチがあげた「通路」に関してですが、これはGSVが“ストリートビュー”である限りにおいて、そこではもっとも重要な要素として強調されている、といえます。画像２を参照してみると、GSVが表象する視界の片隅（画面の左下）には、ペグマンと呼ばれる人型のアイコンによって視点位置を示すための小さなマップが並置されています。Googleマップ上でペグマンを移動させると、それにあわせてGSVの視点（POV）も移動し、ユーザーにとっては、当然そこからの眺望も変化する仕組みにな

（画像２） GSVにおける「通路」の表象

っています。重要なことは、ここでユーザーによるヴァーチャルな移動を制約しているのが、Google 社の車載カメラが移動した経路である、という点です。つまりユーザーに選択肢が与えられるのは、カメラが過去に通過し撮影された通路からの風景に限られるわけであり、したがって当然ながら、ユーザーが撮影されていない路上からの風景を閲覧しよう欲しても、システム上そのような選択は許容されていないことになります。

（画像３）　GSV における東京駅の表象

このように GSV において「通路」はきわめて強い拘束力をもって前景化されているといえますが、これに対して「結び目」としての駅はどうかというと、それは写真画像のなかの一部として表象されるにすぎません。画像３は GSV における東京駅付近の画像になりますが、そのなかで駅は何らかの際立った存在として強調されているというよりは、むしろ、その他の建造物とともに風景に溶け込んでしまっている、といえるでしょう。

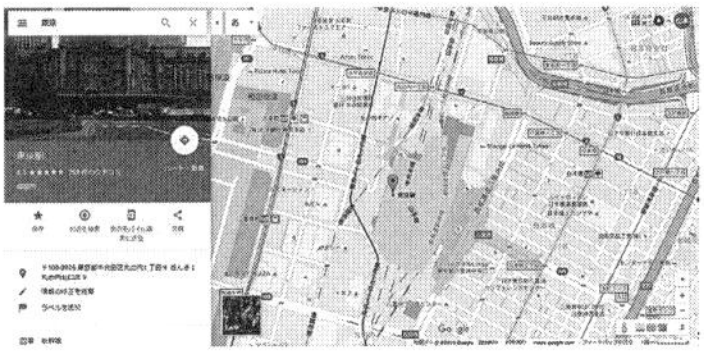
（画像４）　Googleマップにおける東京駅の表象

もちろん、画面を GSV から Google マップ（画像４）へと切り替え、東京駅の箇所に表示されるアイコンをクリックすれば、そこから「ルート･乗換」や「付近を検索」などの機能によって、ユーザーは様々な情報を“エゴセントリック”に入手することができます。このようにマップの水準からみれば、駅は「結び目」としてその役割が強調されているとはいえるものの、他方で GSV の水準からみれば、それは写真に表象される風景のなかの一要素として、目立たない存在に切り下げられている、ともいえるでしょう。ちなみに目立たないということでいえば、それはリンチのいう「境」に関しても同様であって、たとえば、ある自治体とその隣の自治体とをへだてる境界線は、Google マップ上において

も、あるいはGSV上においても明示的に強調されているとはいえません。

以上ぼくらはGSVにおける「通路」「結び目」「境」の表象について簡単に確認してきましたが、そのなかでも「通路」は本システムが“ストリートビュー”と命名されていることからしても、もっとも重要であるといっても過言ではないでしょう。この通路を含むGSVの空間デザインは、多かれ少なかれ、それを活用して生きる現代人の空間認識、あるいはメンタルマップの組成に対して影響を及ぼしている、といえるのではないでしょうか。

結びにかえて

本論考では、みなさんにとっての身近な題材、具体的には写真・GSV・ゲームなどの媒体をとりあげながら、ぼくらをとりまくメディア環境の構造を捉えなおしてみました。その過程で、ケヴィン・リンチによる都市のイメージ論、ロラン・バルトによる写真論、さらには前川修によるデジタル写真論などを参照しながら、映像と空間をめぐる関係性や、さらには都市空間のイメージ変容について考察してきたわけです。そしてその延長で再考してみると、ポケモンGOなどの位置情報ゲームの登場が示唆するように、人間と空間との関係、人間と地図との関係、さらには地図と空間との関係は、昨今ますます錯綜したものになりつつある、といえるでしょう。

【注釈】

（1）「メディア」とは人と人との関係を、あるいは人と世界との関係を仲立ちする映像コミュニケーションの媒介手段であり、したがって媒介作用（mediation／メディエーション）を発揮するものだといえます。例えば写真を例として考えてみましょう。僕らはそのメディアによって、地球の反対側に住む人々がどんな暮らしをしているのかを知ることができます。あるいは写真によって、一九世紀に生きた人々がどんな暮らしをしていたのかを知ることもできます。写真とは時空の壁を飛び越えてさまざまなメッセージや記号を運ぶいわば「乗り物」として、つまり情報を保存したり伝達したりする媒体＝「メディア」として機能するのです。

（2）記号論からみれば、地図は「記号」です。ソシュール以来の記号学に準拠するな

らば、「記号」とは「シニフィアン」（記号の表現面）と「シニフィエ」（記号の内容面／意味）の複合体として定義されます。そして地図の場合も、その図像的な表現が何らかの意味内容をもちうるわけで、やはり「記号」として捉えることができるのです。ちなみに記号論者として活躍したウンベルト・エーコによると、「記号」概念とは「すでに成立している社会的慣習に基づいて何か他のものの代りをするもの」として規定されています。

（3） http://festival.j-mediaarts.jp/award/entertainment/group_inou-eye#（閲覧日：2017年2月20日）

（4） とはいえ、よく知られているように、GSVの画像群が一定の加工・編集を受けていることは忘れるべきではないでしょう。それらの画像には、たとえばプライバシー保護の観点から個人の顔やナンバープレートにボカシが加えられています。

（5） そのシステム内部でぼくらに許容されているのは、「クリックのみで移動する」ことだけであり、それ以外の行為は制限されているといえます。たとえばGSVのシステム内を“移動中”に、たとえば道路脇にコンビニを見つけたとしても、店内にはいってドリンクを購入する、といった複雑な行為をユーザーは選択／遂行することができません。そのような行為の可能性は、あらかじめ当該システムからは排除されているのです。

○引用文献

エーコ，U．（1996）　『記号論Ⅰ』（池上嘉彦訳）岩波書店。

織田武雄（1973）　『地図の歴史』講談社。

河田　学（2015）　「情報と空間——テクノロジーが生み出す擬似的な空間」遠藤英樹＋松本健太郎編『空間とメディア——場所の記憶・移動・リアリティ』ナカニシヤ出版。

中村豊・岡本耕平（1993）　『地理学選書 メンタルマップ入門』古今書院。

バルト，R．（1980）　『映像の修辞学』（蓮實重彦・杉本紀訳）筑摩書房。

バルト，R．（1985）　『明るい部屋——写真についての覚書』（花輪光訳）みすず書房。

前川　修（2016）　「デジタル写真の現在」『美学芸術学論集　第一二号』（6～33頁）神戸大学芸術学研究室。

松本健太郎（2015）　「デジタル・イメージを遊歩するまなざし——Googleストリートビューにおける写真的現実の歪み」遠藤英樹＋松本健太郎編『空間とメディア——場所の記憶・移動・リアリティ』ナカニシヤ出版。

松本健太郎（2016）　「拡大される細部：マイケル・ウルフとダグ・リカードの写真集を比較する」『人文論叢　第九七輯』（70～94頁）二松學舍大学人文学会。

松岡慧祐（2016）　『グーグルマップの社会学——ググられる地図の正体』光文社。

リンチ，R．（2007）　『都市のイメージ』（丹下健三・富田玲子訳）岩波書店。

漢文訓読・日本漢文への熱いまなざし

――海外の大学における漢文講義――

◆東アジア学術総合研究所　山邊　進　*Susumu Yamabe*

1．はじめに

二松學舎大学は、2009年３月末に終了した「二松學舎大学21世紀COEプログラム　日本漢文学研究の世界的拠点の構築」において、2007年４月より、海外の大学の大学院生を対象とした漢文講座を現地における集中講義もしくはテレビ会議システムを利用したネット授業という形で実施してきた。プログラム期間中にこの講座を実施した海外の大学は５大学にのぼり、COEプログラムが終了した2009年４月より本学東アジア学術総合研究所の活動として今日に至っている。

この海外講座が実施された当初より、折あるごとに「なぜ、外国人学生が漢文訓読を学ぶ必要があるのか」という疑問を投げかけられた。このような疑問が生じる理由のひとつには「漢文訓読」と聞いただけで、中国古典すなわち『論語』『孟子』などを読むという、謂わば「観念連合」が生じ、「なぜ、外国人学生が漢文訓読で中国古典を読む必要があるのか」という思いになられたのかもしれない。事実、高等学校の教科書を見れば、一昔前と比べればかなり日本漢文への配慮が感じられはするが、いまだ主たる収録作品は中国

古典であり、そのアンソロジー的な構成に変わりはなく、こと中国学に関わる人間に限らず、この疑問はより普遍的なものと考えてよいのではないだろうか。言い換えれば、〈漢文訓読〉と日本古典学が直接的に結びつく状況に未だ至っていないのである。

しかし、「漢文訓読」という営為を考えてみれば、それは外国語である漢文（古典中国語）を日本語の語順に従って読む翻訳技術である。英語などの外国語から日本語への翻訳が原文を一文字も残さない翻訳文を作るのに対して、漢文訓読は漢字だけで表記された原文をそのまま残しながら、日本語の語順に従い、また、日本語の特徴である活用語尾や助詞・助動詞を補って読みすすめ、理解するという特徴をもつ。その際、原文に対して左側には語順に関する情報（返り点）が、また右側には活用語尾や助詞・助動詞に関する情報（送りがな）が書き入れられている。これは日本人が中国古典を如何に国語として理解しようと試みてきたかという歴史的な言語活動であるともに、その過程において、かつさまざまな分野において、漢文脈系の文体で書かれた文字史料や文学作品などを生み出した創造活動でもあった。

そこで、この海外講座は、日本語・日本文学を学ぶ外国人学生が日本古典学の一翼を担う日本漢文学への視野を広め、かつその理解を深めるために、実際に日本漢文の文章を読みながら、その訓読法を習得することを目的としている。言い換えれば、漢文訓読を学ぶことによって、おもにその読解の困難さから、いままで研究テーマを決める際の選択肢になかなかなり得なかった日本古典学の主要な分野のひとつにアプローチが可能になるということである。欧米、とくにアメリカの大学では漢文訓読の講座があり、研究者も育っている。しかし、これはハーバード、コロンビア、プリンストンなどの限られた大学においてのことであり、全体から見ればきわめてレアケースと言ってよい。ちなみに、古いデータではあるが、2009年、北米の大学で、漢文を定期的に教えている大学は6校、古文は43校という記録がある（Association

of Teachers of Japanese, Classical Japanese Special Interest Group 2009)。

先にも述べたように本学は、2007年4月にイタリア、カ・フォスカリ（ベネツィア）大学において、はじめて漢文訓読に関する海外講座を実施した。その後、現在に至るまで、11大学において実施している。また、併せて各大学や国際交流基金との共催事業として、国際シンポジウムやワークショップ、一般向けの講演会なども開催している。

これらの諸大学のうち、イタリア、カ・フォスカリ（ベネツィア）大学、タイ、チュラロンコーン大学、ドイツ、ハイデルベルク大学、ハンガリー、エトヴェシュ・ロラーンド（ブダペスト）大学、フランス、リール第3大学の5大学において、この海外講座が大学院もしくは学部の正規授業として継続的に実施されている。

2．漢文訓読への関心

カナダ・ブリティッシュコロンビア大学のEdwin G. Pulleyblankはその著書『Outline of Classical Chinese Grammar』において、自身の古典中国語学習を振り返って、つぎのように述べている。

> When I began the study of this language at the end of the Second War, there were very few textbooks or other learning aids available. There was, in fact, still a widespread belief that Chinese, especially the classical language, had no grammar and that the only way to learn it was by a kind of osmosis. By reading texts with a teacher, preferably a native speaker of a modern spoken form of the language, one was supposed to absorb a facility at guessing at the meanings of passages by piecing together the meanings of successive words as provided

in a dictionary.

（第二次世界大戦が終結した時期、私がこの言語を学びはじめた頃には、テキストやそのほかの学習の手助けとなるものはほとんどなかった。実際、中国語とくに古漢語には文法がなく、学ぶための唯一の手段は自然に吸収していくことであると広く信じられていた。すなわち教師、できれば現代中国語を母語とする人についてテキストを読むことによって、辞書に与えられている語の意味を継ぎ合わせることにより文章の意味を推測するような技術を吸収していくものであると思われていたのである。
——『古漢語語法概論』〈佐藤進監修　小方伴子・槇美貴江訳　二松学舎大学21世紀COEプログラム　2009年 3月〉より。）

Pulleyblankは半世紀以上も前の古典中国語の学習方法について述べたものであるが、学習方法に限って言えば、漢文訓読の場合は半世紀を経た現在においてその状況に大きな違いはないと言ったら言い過ぎであろうか。すなわち、まだ、往々にして見られる「習うより慣れろ」といった経験重視の教授法（the only way to learn it was by a kind of osmosis）や思想・文学・歴史などに分類されたアンソロジーのようなテキスト、また、昔からそのように読んでいるという意味での「読み癖」などという言い逃れのような説明などが顕著な例と言えようか。

海外の学生は、なぜそのように訓読するのか、そう訓読した方がよい、またはそう訓読しなければならない理由を論理的に説明することを求めてくる。そのため返り点に従って訓読するだけではなく、なぜそこに返り点が必要かという古典中国語に関する基礎的な説明が必須となる。

一方、訓読文法についても、それが古典文法に拠ることを基本とするものの、詳細に見ればそこには「ずれ」が存在する。例えば、使役構文の訓読に

ついて、使役の助動詞「しむ」を用いるが、なぜ「す」「さす」を用いないのか、使役の対象には「～して」ではなく、なぜ「～をして」という送り仮名を用いるのか。打ち消しの助動詞「ず」の活用について、訓読では連体形「ぬ」や已然形「ね」は用いず、なぜ「ざる」「ざれ」を用いるのか。また、格助詞「の」と「が」について、現在の訓読ではその使用法が曖昧であるが、「汝の」と「汝が」はどのような違いがあるのか、など。

これらの事象に関心が向くのは、彼らが古典中国語と古典日本語という２つの言語にまたがる漢文訓読に対して語学として臨んでいるからにほかならないからである。この姿勢は正しく従来の漢文教育に欠けている点である。

演習テキストは江戸の版本を用いている。特に初級クラスは漢文入門からはじめて、最後は江戸の版本が読めるようになることが一つの学習動機となる。その初級クラスでは儒者の逸話集である原念齋『先哲叢談』、洒落本『遊子方言（漢文序文）』、笑話集『刪笑府』などの文章に人気がある。また、中級クラスでは洒落本の先駆けと言われる吉原遊郭を題材とした『両巴巵言』『史林残花』、大田南畝『寝惚先生文集』、頼山陽『日本外史』、寺門静軒『江戸繁昌記』などを用いている。日本の漢文の授業では、これらのテキストが漢文訓読の初級・中級時期に使われることはほとんどないであろう。例えば、『史林残花』は、吉原を孔子の弟子司馬牛が東海の東武国に渡って建てた君子国であると見立て、その歴史を中国正史の体裁である紀伝体で記し、書名は本来『妓史』であったとする。しかし、地理志、芸文志、律暦志、世家一篇を残してそのほとんどが散逸してしまったという手の込んだ作りとなっている。その内容を簡単に記せば、地理志は吉原の歴史や地名、芸文志は吉原細見などの書物や吉原言葉、律暦志は吉原での楽曲や年中行事について詳しく述べ、最後に遊女関井の伝記である関井世家がつづく。学生たちをこのテキストを通して漢文訓読を学びながら、あわせて吉原の文化や江戸のパロディ

文学も学ぶことができるのである。

次章で詳しく述べるが、現在への連続性という点もあり、学生の江戸文化への関心はひときわ高く、かつ読んで面白いものを望んでいる。難易度については多少難しくても文句が出ることはないが、内容に対しては面白いかつまらないかの評価をはっきり示してくる。そして、この段階を終えた学生のなかには、より難易度の高い日本漢文文献へとステップアップしていくものも少なくない。

3．日本漢文への関心

海外での集中講義やネット授業を実施するに際しては、同じ日本漢文を教えるにしても、日本漢文学を専門としようとするか、比較研究の対象としようとするか、日本文化の一分野としてその知識の習得を目指そうとするかなど、大学によって受講生の目的や関心はそれぞれ異なっている。

たとえば、ベトナム国家大学ハノイ・ハノイ人文社会科学大学の場合は、ベトナムというかつては漢字・漢文文化圏に属しながら現在は漢字を廃止した国にとって、自国の文化を相対的に見る視点を得る目的から、同じ漢字文化圏に属する日本における漢字・漢文の受容についての概説的な講義を行った。

一方、ヨーロッパの諸大学では日本漢文学を専門とする学生が少しずつ増えてきている。先にも述べたように、特に江戸時代への関心が高い。その江戸時代には膨大な数の和本が存在したが、これらの和本はごく限られた文献を除いて読者のないまま死蔵もしくは消滅の危機に瀕している。このような状況に対して、近年、九州大学名誉教授中野三敏氏により変体仮名・くずし字で書かれた文献・古文書等について、当該資料に直接アプローチして読解する能力、「和本リテラシー」の必要性が提唱され、次第に注目を浴びるようになってきている。しかし、それは変体仮名・くずし字で書かれた文献に

限られ、江戸時代、和文に優るとも劣らない分量を有する漢文についてはその埒外に置かれていた。

本学はイギリス・ケンブリッジ大学エマニュエルカレッジとの共催で毎年夏にケンブリッジで「Graduate Summer School「江戸の書きことば」」を開催している。「Graduate summer school「江戸の書き言葉」」は、漢文脈と和文脈を統合した総合的なリテラシー教育の試みとして、近世に書かれた版本及び写本を解読し、解釈するための言語的な知識を網羅的に提供することを目的とし、そのために、(1)漢文訓読、(2)和文（変体仮名・くずし字）、(3)候文、の３部から構成され、加えて書誌学に関する特別講演やロンドン在住の日本人書家による変体仮名・くずし字習得のためのセッションを設けている。

毎年、イギリスをはじめ、EU各国、アメリカ、ロシア、オーストラリアから大学院生や若手研究者20名前後の参加者がある。また、このような試みは、世界的に見て、このサマースクールが初めて実施したものである。この点が評価されて初回より、The Great Britain SASAKAWA FOUNDATION、国際交流基金ロンドン日本文化センターより支援を受けている。

このサマースクールでは、期間が２週間、土曜日も含めて毎日６時間、全部で72時間のプログラムを提供している。草書体の和文・楷書体の漢文・草書体の候文に可能である限り同じ時間数を与えて教えることにしており、また、テーマも江戸文化の中からの「遊び」「教育」など、一つに絞り、例えば、漢文訓読では以下のようなテキストを選んでいる。

「遊び」

吉原遊郭

『遊子方言』漢文序文　寺門静軒『江戸繁昌記』「吉原」

『色道大鏡』扶桑列女伝「吉野伝」

狂詩・狂文

大田南畝（蜀山人）『通詩選笑知』　『寝惚先生文集』
平賀源内「寝惚先生初稿序」

吉原遊郭は江戸都市文化の一大発信地であり、吉原ガイドブックである「吉原細見」の初期のものは漢文体であった。『江戸繁昌記』「吉原」は吉原遊郭の沿革、遊びの様子などを描いたもので、洒落本の山東京伝作『傾城買四十八手』「見ぬかれた手」からの漢文訳も見られる。『色道大鏡』扶桑列女伝「吉野伝」は中国正史の列伝の体裁に倣った遊女吉野大夫の伝記である。洒落本『遊子方言』は中国の古典籍『揚子方言』のパロディでその序文は遊女を花街の花として植物の花と対比させた平易な漢文体で書かれている。
『通詩選笑知』は江戸のベストセラー『唐詩選』を下敷きにしたもので、狂歌と違い漢詩の教養がないと理解できない。『寝惚先生文集』は大田南畝19歳の時の処女作品、狂詩と狂文などを収めた小冊子であるが、平賀源内の序文を得て一躍彼の名を世間に広めた。

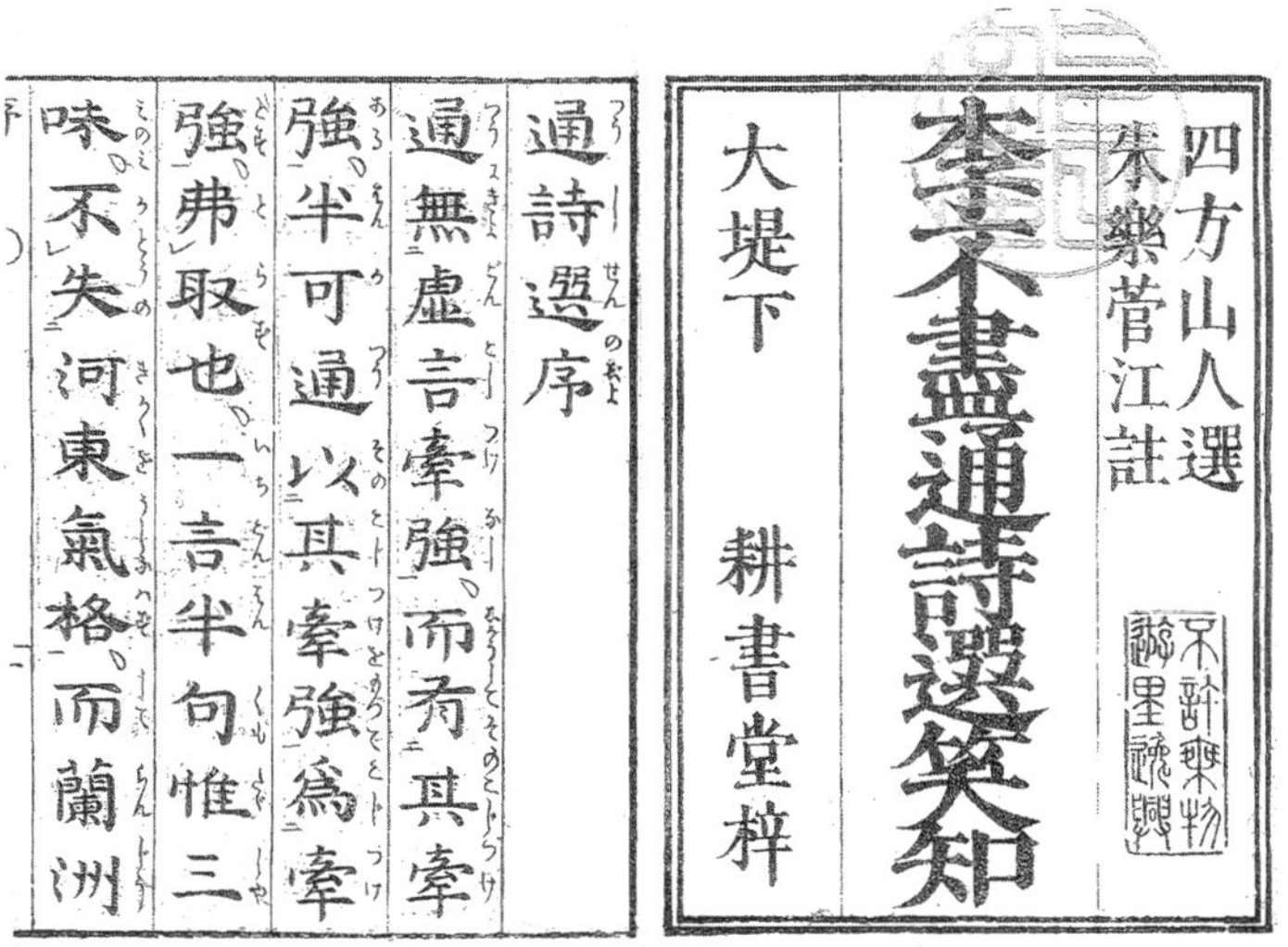

『通詩選笑知』（二松學舍大学図書館所蔵）

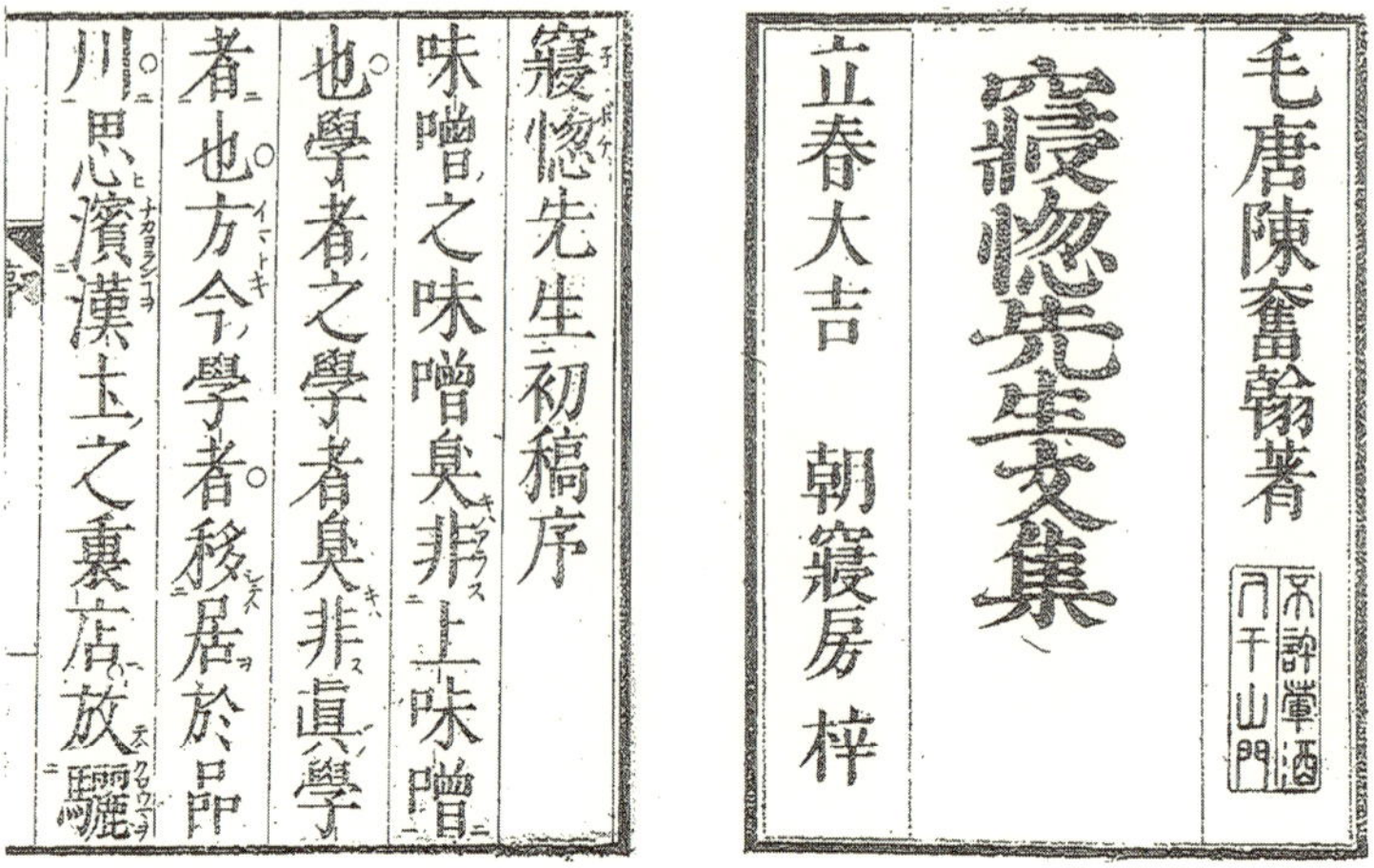
毛唐陳奮翰著

寢惚先生文集

立春大吉　朝寢房梓

寢惚先生初稿序

味噌之味噌臭非上味噌

也學者之學者臭非眞學

者也方今學者移居於品

川思濱漢土之裏店放驪

『寝惚先生文集』（二松學舍大学図書館所蔵）

「教育」

貝原益軒『点例』『実語教諺解』『千字文』『蒙求』『女論語』『御成敗式目』　中村惕斎『論語示蒙句解』

貝原益軒『点例』は漢文訓読の入門書であり、江戸の漢文文献を扱う際には必須の書籍である。『実語教諺解』『千字文』は手習い塾の素読や手習い用の教材である。『蒙求』も古くからの初学者向けの教科書であり、『女論語』は中国で編纂された女性向けの教訓書『女四書』に収められており、江戸時代に和刻され流布した。『御成敗式目』は鎌倉時代の法令であるが、江戸時代においても法令としての有効性に変わりなく、また、庶民の手習い手本としても普及した。『論語示蒙句解』は貝原益軒に師事し、徳島藩の藩儒となった中村惕斎の『論語』の講義録（漢字カタカナ交じり文）である。

なお、このサマースクールについては『書物学　第９巻』（勉誠出版2016）において詳しく紹介されている。

4．おわりに

かつて、フランスの日本学者 Jean-Noël A. ROBERT は『二十一世紀の漢文―死語の将来―』（国際日本文化センター　第122回　日文研フォーラム　1999年）のなかで、フランス人学生に日本漢文および漢文訓読を教えるとき、まず「漢文の弁護」とも名付けられる短い話をするとし、次のように言う。

> もし日本歴史の初期から明治時代まで文字で表記されたすべての文章を、漢文か仮名まじり文で書かれたものによって二つの部分に分けた上、それぞれを天秤に乗せるならば、漢文の塊の方が仮名書きの塊よりはるかに重いという事実に注目させる。ということは、広義の文学、すなわち詩や美文だけでなく、医学、数学、工芸などの技術と科学に関する文章や碑文の様な史料を含めた意味の日本文学を顧みると、漢文で書かれたものがその大部分を占めていることがわかる。それが故に日本人が作った漢詩、歴史、美文の漢文文章はともかく、一般の明治以前の社会の勉強を目指す学生にとっても、漢文の知識が不可欠だということで話を結ぶわけである。

海外の大学での漢文講義を始めた10年前は、正しくこのような「漢文の弁護」が必要であったが、現在においては漢文訓読および日本漢文の重要性に対する理解はかなり深まってきている。この海外講座の受講生に限ってもその関心は高く、毎年数名の学生が漢文訓読を学んだのちに、自身の研究テーマとして多彩な分野の日本漢文を選択しており、日本漢文研究を目的とする日本への留学生も増えてきている。

ここ10年で漢文訓読や日本漢文に向けられる海外の学生のまなざしは大きく変化したと言ってよい。

執筆者一覧（掲載順。所属は全て二松學舎大学）

牧角悦子（まきずみ・えつこ）文学部中国文学科・教授
専門：中国詩歌史、聞一多研究、中国近代学術
業績：【著書】『詩経・楚辞』（角川ソフィア文庫、二〇一二年）、『中国古代の祭祀と文学』（創文社、二〇〇六年）、『列女伝―伝説になった女性たち』（明治書院、二〇〇一年）等。

伊藤晋太郎（いとう・しんたろう）文学部中国文学科・准教授
専門：三国志・中国古典文学
業績：【著書】『漢文講読テキスト　三国志』（共著、白帝社、二〇〇八年）【訳書】『秦漢　雄偉なる文明』（図説中国文明史四、劉煒著、創元社、二〇〇五年）【論文】「関帝のほくろ」（『三国志研究』第十一号、二〇一六年）等。

田中正樹（たなか・まさき）文学部中国文学科・教授
専門：宋代思想・中国美学
業績：【論文】「秦観「浩氣傳」について」（『二松學舍大学論集』五八、二〇一五年）、「三島中洲「泰卦講義」について」（『陽明学』二五、二〇一五年）、「蘇軾『論語説』について」（『二松學舍大学東アジア学術総合研究所集刊』四三、二〇一三年三月）等。

植松宏之（うえまつ・ひろゆき）文学部中国文学科・非常勤講師
専門：明清小説（特に『紅楼夢』）。
業績：【論文】『紅楼夢小論―侍女の人間関係を中心に―』（『二松学舎大学人文論叢』七十、二〇〇三）、『「紅楼夢」に見える門の役割』（『二松』二十二、二〇〇八）、『「紅楼夢」の中のしぐさ―席をめぐる人間関係を中心に』（『二松学舎大学人文論叢』八十四、二〇一〇）

山邊　進（やまべ・すすむ）東アジア学術総合研究所・特命教授
専門：中国古代倫理学・漢文訓読
業績：『新書新釈漢文大系　墨子』（共著、明治書院　二〇〇七年）、"The present and the urgent problems of tool books for translation and study of classics written in Chinese letter in Japan"『The Journal of Korean Classics』No.38（韓國古典飜譯院　二〇一二年）、「性論攷―中国古代に於ける性論発生の思想的背景―」（『二松學舍大学東アジア学術総合研究所集刊』第四五集　二〇一五年）等

松本健太郎（まつもと・けんたろう）文学部都市文化デザイン学科・准教授
専門：記号論、メディア論、映像論
業績：『ロラン・バルトにとって写真とは何か』（ナカニシヤ出版、二〇一四年）、『空間とメディア―場所の記憶・移動・リアリティ』（共編著、ナカニシヤ出版、二〇一五年）、『理論で読むメディア文化―「今」を理解するためのリテラシー』（編著、新曜社、二〇一六年）

谷島貫太（たにしま・かんた）文学部都市文化デザイン学科・専任講師
専門：技術哲学
業績：「ベルナール・スティグレールにおける「正定立」の概念をめぐって―フッサールを技術哲学に捉え返す試み」（『東京大学大学院情報学環紀要　情報学研究』第八四号、二〇一三年）、『理論で読むメディア文化―「今」を理解するためのリテラシー』（共著、新曜社、二〇一六年）

江藤茂博（えとう・しげひろ）文学部都市文化デザイン学科・教授
専門：文芸・映像・メディア論
業績：『空間とメディア　場所の記憶・移動・リアリティ』（メディアの未来❻）（共著、ナカニシヤ出版、二〇一五年）、『ショッピングモールのビジネスと文化』（編著、ナカニシヤ書店、二〇一六年）、『恋する人文学』（共著、翰林書房、二〇一六年）等

東アジアにおける都市文化
——都市・メディア・東アジア——

平成二十九年三月二十五日　初版印刷
平成二十九年三月三十一日　初版発行

編　著　二松學舍大学
　　　　文学部中国文学科
発行者　小　林　眞　智　子
発行所　株式会社　明徳出版社
電　話　〇三—三二六六—〇四〇一
〒一六二—〇八〇一
東京都新宿区山吹町三五三

印刷・製本　㈱　明　徳

ISBN978-4-89619-944-4　C1000